JN208970

SPORTS

生涯スポーツ

国民の「運動不足」は本当にないのか

SASAKI Tadashi

佐々木 正

丸善プラネット

はじめに

　「スポーツ」は、人類共通の文化であると言われる。しかし、本邦では国民がスポーツ文化の恩恵に与っているとは思えない。約 80％の国民は運動不足と思っているが、それはなぜだろう。このことについて考察を試みた。そもそも「スポーツ」とは何か。「運動不足」とは何か。「運動不足」については、WHO が、2010 年に提示し、2020 年に更新している「身体活動に関するガイドライン」から、身体活動、生活活動、仕事、移動、余暇の用語の内容を説明し、「運動不足の有無」を論じたい。

　スポーツになじみの深い整形外科医は、わが国のスポーツの実情を理解しておくことが望ましいと筆者は考える。整形外科専門医、認定スポーツ医である筆者自身が、本書の執筆を進めて行く中で、我が国のスポーツについてその実態を如何に理解できてないかに気付いた。

　ところで、「スポーツ」の用語は、国により、時代により大きく異なる。ことに、我が国では、**明治維新後、海外からスポーツが移入されるまで、スポーツの概念はなかった**。その後も、その概念については紆余曲折を重ねてきた。現今なお、体育、スポーツ、運動、身体活動、生活活動等の違いは、国民におよそ理解されていない。「スポーツの日」はもともと 1961 年に設けられたものだが、その後「体育の日」になり、さらに再び「スポーツの日」に戻った[3][4]。8 年前（2015 年）に、スポーツ庁が開設され、世界に共通の「スポーツ」に合わせなければならないと、「体育」という用語を「スポーツ」に置き換えていることに合わせた動きである。今年（2024 年）には、国民体育大会も国民スポーツ大会になる。しかし、言葉を換えても国民にその基盤がないと「スポーツ」の進展は期待できない。

　"スポーツ"は「する」「みる」「ささえる」に分けられるとされる。現代、マスコミュニケーションの役を担うマスメディアによる「メディアスポーツ文化」ばかり隆盛であるが、これは「みる」スポーツである。本書では、**「する」スポーツを主に論ずる**。我が国のスポーツの歴史、行政の対応、経過からすれば「スポーツ文化」、つまり「する」スポーツが根付いているとは言い難い。

　また、スポーツを「競技スポーツ」「生涯スポーツ」の二つに分類した場合、「競技スポーツ」は、勝負を競う身体運動でアスリートに限定されたものであるが、「生涯スポーツ」は全人口のうちアスリートと寝たきりの人を除いた 1 億を越す国民が対象となるものである。この分類では「生涯スポーツ」[1][2]を中心にしていることをお断りしておく。

目 次

序　章　日本にスポーツ文化がなぜ根付きにくいのか？

「スポーツ」とは何か考えたこともないし、知りたいとも思わない方が多いかもしれない。知らなくても日常に支障はないからである。しかし、日常よく使われる用語なので、その内容をおおよそ知っておきたい。

先ず、その歴史をたどる。大まかに、海外における"スポーツ"の起源は、紀元前のエジプトの壁画にたどることができるという。またそれは、古代ギリシア、ことに古代オリンピア祭典であることはよく知られている。次いで、ローマ時代にはコロセウムでの「みるスポーツ」へ発展し、中世に入るとスポーツは王侯貴族から市民へと広がっていった。イギリスでは、16~17世紀にかけて貴族階級の子弟にスポーツが奨励され、近代スポーツの多くが次々と成立し、世界に普及して行った。その後、フランスのピエール・ド・クーベルタンが古代オリンピックの復興を唱え、1896年に第1回アテネオリンピックがギリシアのアテネで開催された。このオリンピック大会が成長して行き、やがて世界最大のスポーツイベントとなっている[2)3)5)]。

"日本では楽しんでスポーツをする人がどうして少ないのか"が筆者の最初の疑問であった。

本邦では、明治維新後にスポーツの各種競技が欧米から移入され、それから150年が経過した（コラム①）。欧米文化に触れるまで日本には「スポーツ」の概念はなかった。「スポーツ」という言葉が一般化されたのは大正時代末頃からであった。当時、移入された野球、蹴球、籠球、庭球、卓球等のみが「スポーツ」であった。本邦で、古来行われてきた武道・武士道は（コラム②）、室町時代の武士の道徳規範であり、近代に至るまで本邦の身体競技の主流をなしてきた。

その後、第二次世界大戦に関わる長いスポーツの空白があり、戦後の1950年にGHQの施策で行政上、武道がスポーツに含められたのである。1961年にスポーツの振興に関する施策の基本を明らかにする「スポーツ振興法」が施行され、ようやくスポーツ行政が緒についたことになる。その後、行政機構整備の検討が始まってから実に50年を経て、2011年「スポーツ基本法」[11)]が制定され、2015年「スポーツ庁」が設置された。野球がベースボール、蹴球がサッカー、籠球がバスケットボール、庭球がテニス、排球がバレーボール等に呼称が変わったのはかなり以前のことであるが、"スポーツ"の用語が本格的に使われ出してからはまだ10年も経っていない。"体育の日"から"スポーツの日"に変更した

のは4年前（2020年）のことである。国民体育大会は、今年（2024年）佐賀大会より国民スポーツ大会へ改名される。

　以上のような流れを見れば、国民が「スポーツ」の内容をしっかり理解できていないのは当然であろう。

　スポーツ基本法（2011年）に基づいてスポーツ庁が2017年に定めた「第二期スポーツ基本計画」[6]において、スポーツは「体を動かすという人間の本源的な欲求に応え、精神的充足をもたらすもの」と定義された。その範疇は、朝の体操から何気ない散歩やサイクリング、ハイキング、海水浴などさまざまである。つまりスポーツとは一部の競技選手や運動に自信のある人だけのものでなく、それぞれの適性や志向に応じて、**自由に楽しむことができる「みんなのもの」**である、としている。そして、スポーツは「する」ことだけに留まらず「みる」「ささえる」ことを含めて、**スポーツは"日常生活の一部"**であり、あらゆる人の人生に活力や感動を与えてくれる、とある。この基本計画によって突然に「スポーツ」の範疇が拡大した。しかしWHOは、スポーツ・運動は余暇に行うものと規定している。つまり、スポーツの本質である"楽しむ"は、日常生活に求めるものではない。それを、あえて新たに、日常生活の中にスポーツ・運動を組み込むというのには、何か深慮遠謀があるのではないかと疑わざるを得ない。

　海外では、スポーツの基本は楽しむことであり、それが文化として根付いていると理解されているが、日本人は、「スポーツ」には縁の薄かった国民であるとも言われる。それは、古来**身体活動を通して精神を磨くという伝統**が色濃く残っており、身体競技の主流である武道に限らず、道徳的訓練では**楽しむことはむしろ悪**と考え、ストイックさが求められてきたからである。そこに日本のスポーツの不幸があると指摘する説もあり、本邦にスポーツ文化が根付かない原因があるとも考えられる。そのような歴史的基盤がありながら、今回の法律と計画によって果たして、国民が急に切り換えて**自由に「スポーツ」を楽しむことができるようになれるのであろうか。**

　「第二期スポーツ基本計画」に記載されている「生涯スポーツ」とは、生涯を通して、いつでも、誰でも、どこでも、気軽に参加できるスポーツである、という。そんなスポーツはウォーキングしかない。だとすると、国民は歩いていればよい、「スポーツ」は見て楽しめということになる。信じがたい話だ。

　さて、本書の章ごとの概要を以下にまとめる。「はじめに」でお断りしたように、「生涯スポーツ」、「競技スポーツ」の分類では、「生涯スポーツ」を中心にした。

　1章では、スポーツ実施率、運動不足の実態と解釈についてまとめた。国民は一般に自分のことをスポーツ・運動不足と思っている。筆者は、長期にわたり、その実情を聴いてきた。対象は、都心の商業・住宅地域における、スポーツ・運

動に最も関連の深い整形外科外来の受診者である。調査方法は、受診者に直接対面聞き取りした。その調査結果を1章にまとめ、スポーツ庁のデータと比較検討した。

2章では、「スポーツとは何か」についてスポーツ庁、スポーツ協会の内容の概略を述べる。その定義は、学者の数ほどあるとも言われる。日本のスポーツの歴史は、独特なものであることも示す。

3章は、日本の「生涯スポーツ」に欠けている楽しみ方の提案である。

4章では、生涯スポーツに含まれる「体育」の歴史をたどり、体育嫌いの問題点、日本の体育の特異性、改革の問題点について触れ、その解決策について述べる。「生涯スポーツ」に含まれる学校教育の「体育」は、小学校、中学校、高校までで、大学ではカリキュラムに含まれない。その起始でなく、その後の運用に海外との違いが大きい[130]。

5章に現代のスポーツの話題をまとめた。アーバンスポーツ文化、幼少期のスキャモン曲線、高齢者の運動、ロコモ、フレイル、80GO、スポーツ界におけるDX等の概略について述べる。

6章では、スポーツ・運動療法で最も問題となるのは、如何に継続するかであることを示し、継続についての考え方、民間の工夫についてまとめた。

最後に、巻末の付録として、身体に必要なストレッチ体操の図譜を掲載した。

コラム①

海外より移入されたスポーツの年代

野球：1871年、サッカー：1873年、ラグビー：1874年、　テニス：1878年、スキー：1895年、バスケット・バレーボール：1913年、アメリカンフットボール：1934年、バドミント：1930年代、サーフィン：1945年？

 ②

武士道とは

　日本の近世以降の封建社会における武士階級の倫理・道徳規範および価値基準の根本をなす、体系化された思想一般を指し、広義には日本独自の常識的な考え方を指す。ただし、明確な定義はなく、時代のほか、身分や地域によってもその解釈は大きく異なる。また理想化された美学・宗教学的な側面もあり、その実像とは大きく異なる場合がある。

　武士道に通ずる考えは、武士（平安時代以降）の行動の規範意識に基づき、鎌倉時代に本格的に発達した。すなわち、武力を持つものは鍛錬・行使・身の処し方などを徹底すべきであり、独りよがりや私事存念するような見苦しい者であってはならないとする日本独自の規範意識である。「武道」という言葉は武士道のことを指したが、江戸時代後期頃から古武道のことも指すようになった。現代の武道はこの古武道から発展したものである。

　明治維新によって古武術は古いものとして廃れる中、加納治五郎は柔術を独自に理論化・合理化した講道館柔道を開き栄えた。

　現在、日本武道協議会に属する９連盟は、柔道、剣道、弓道、相撲、空手道、合気道、少林寺拳法、なぎなた、銃剣道で、修練による心技一如の文化である。

第 1 章　本邦のスポーツの実態

1　スポーツ・運動の実施状況

　　筆者は以前、下記のような一般の人々のスポーツ・運動の実施状況について調査を行った。

　　調査地域・対象：東京都新宿区四谷整形外科診療所外来を受診した全年齢層の初診・再来初診患者 14,057 人（男 7,616 人、女 6,441 人）

　　調査実施期間：2003 年 1 月 10 日〜2016 年 3 月 25 日

　　調査項目：実施スポーツの種類、頻度、時間、継続期間、スポーツ外傷・障害の有無、履歴につき直接対面の聞き取り調査

　　有効回答数：12,669 人

　　調査対象有効回答の年代別総数、性別、人数を図 1 に示す。30 代にピークがあり、次いで 40 代、50 代、60 代の順に減少する。30〜60 代は男性の人数が多く、70 代、80 代は女性の人数が多い。19〜22 歳は大学生として集計し、23〜29

図 1　年代別受診者数

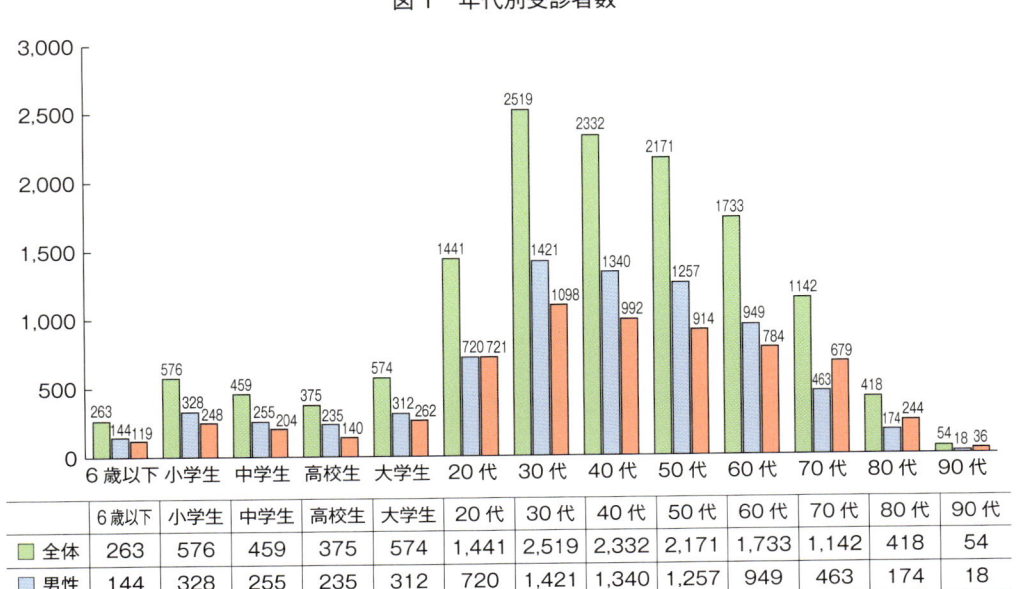

	6 歳以下	小学生	中学生	高校生	大学生	20 代	30 代	40 代	50 代	60 代	70 代	80 代	90 代
全体	263	576	459	375	574	1,441	2,519	2,332	2,171	1,733	1,142	418	54
男性	144	328	255	235	312	720	1,421	1,340	1,257	949	463	174	18
女性	119	248	204	140	262	721	1,098	992	914	784	679	244	36

表 1　有効回答数の内訳

頻度にかかわらずスポーツ・運動をしている	6,170	48.7%
スポーツ・運動を現在していない	5,644	51.3%
以前にやっていたが現在していない	855	

歳を20代として集計した。乳幼児は6歳以下としてまとめ、小学生、中学生、高校生に分けて集計した。

　有効回答数12,669の内訳は、表1の通りである。

　これによると、「スポーツ・運動を現在していない」と、「以前にやっていたが現在していない」を合わせると51.3%である。このことから類推して、**国民の半数はスポーツ・運動をしていないことが明らかとなった。**

　また、人々が実施しているスポーツ別に頻度を多い順に記すと下記の通りとなる。（図2、表2も参照）。

1位ウォーキング（男6.4%、女6.3%、全体6.4%）

2位水泳（男3.8%、女6.3%、全体4.9%）

3位ジム（男5.2%、女4.1%、全体4.7%）

4位サッカー（男7.5%、女0.6%、全体4.3%）

5位ゴルフ（男6.6%、女1.6%、全体4.3%）

6位ランニング（男5.5%、女2.4%、全体4.1%）

7位野球（男6.3%、女0.3%、全体3.4%）

8位テニス（男3.5%、女2.7%、全体3.1%）

9位バスケットボール（男3.3%、女1.7%、全体2.6%）

10位スキー（男2.3%、女1.7%、全体2.0%）

　以下、ダンス、バレーボール、登山、ヨガ、体操、自転車、エアロビクス、柔道、空手、卓球、ラグビー、剣道、バトミントン、ストレッチ、サーフィン、アメフト、釣り、バレエ、ソフトボール、…と続き最下位の30位に太極拳となり、全部で120種目あった。

　上記分類で、ウォーキングでは生活活動におけるものは除外した。ジムにはマシーン、筋トレ、エアロビクスを含めた。サッカーにはフットサルを含めている。ゴルフにはゴルフ練習を含め、ランニングにはジョギング、マラソンを含め、スキーには、スノボーを含めた。

　ダンスは非常に種類が多い。ソーシャル、ヒップホップ、ラウンド、ベリー、フラ、サンバ、ジャズ等、すべて一括して「ダンス」とした。ただし、バレエは別項目とした。

　登山にはハイキング、トレッキングを含め、自転車にはサイクリングを含めた。

ヨガにはピラティスを含めた。

　実施頻度は、トップのウォーキングでも男 6.4％、女 6.3％、全体 6.4％と低く、2 位以下は 5％以下であり、10 位のスキーが 2％である。全般に実施頻度は低い。

　男性は、サッカー、ゴルフ、ウォーキングの順で割合が多い。女性は、ウォーキング、水泳、ジムの順で割合が多い。

　一方、実施種目は 120 種目ときわめて多く、プレーヤーの選択が広がっていることを示す。ポールダンスのように、通常、耳にしない種目も散見する。どのような機会でスタートされたのか興味が湧く。

　この調査から、勤勉な国民が自己責任で頑張っている姿が読み取れる。寝たきりにならないように健康の維持、生活の豊かさを目標に、忙しい日常の中、時間を工夫して、中々得られないチャンスをよくとらえている。一部のメジャースポーツの例外を除けば、大多数のマイナースポーツの選択・実施に当たって、公の環境整備等の支援があったとは思えない。言い換えれば、ヒトは寸暇、わずかなゆとりがあれば、"楽しみ" が得られるスポーツを自発的に始める本能があると考えられるのではないか。

　次に、スポーツ・運動の継続期間を年数別に集計した。

5 年以上：552 人（8.94％）

10 年以上：378 人（6.12％）

20 年以上：199 人（3.22％）

30 年以上：148 人（2.39％）

40 年以上：21 人（0.34％）

50 年以上については、それぞれを具体的に記する。

50 年：女・68 歳　スキー（10 日 / シーズン）、他登山・テニス・ゴルフ

50 年：男・74 歳　ゴルフ（3〜4/ 月）

50 年：女・74 歳　水泳（3/ 週）

50 年：男・76 歳　スキー（15 日 / シーズン）、他ゴルフ

50 年：男・65 歳　スキー（7 日 / シーズン）、他ウォーキング（2/ 週、1 時間）

50 年：男・61 歳　剣道（3〜4/ 週）

　スポーツを継続している方の割合は、決して多くはないが、筆者の予想よりはるかに多くの方がスポーツ・運動を長期に継続されていることに驚愕した。スポーツ本来の "楽しむ" が身についており、健康維持の信念があるからできることと思う。

　1 人でも多くの国民が、上記の方々にあやかれればと願う次第である。

　上記のスポーツの継続とは別に、以前にスポーツをしていたが、現在はしていない方々を集計した。

　総数は、855 人（男 576 人、女 279 人）であり、男性は女性の倍である。男性

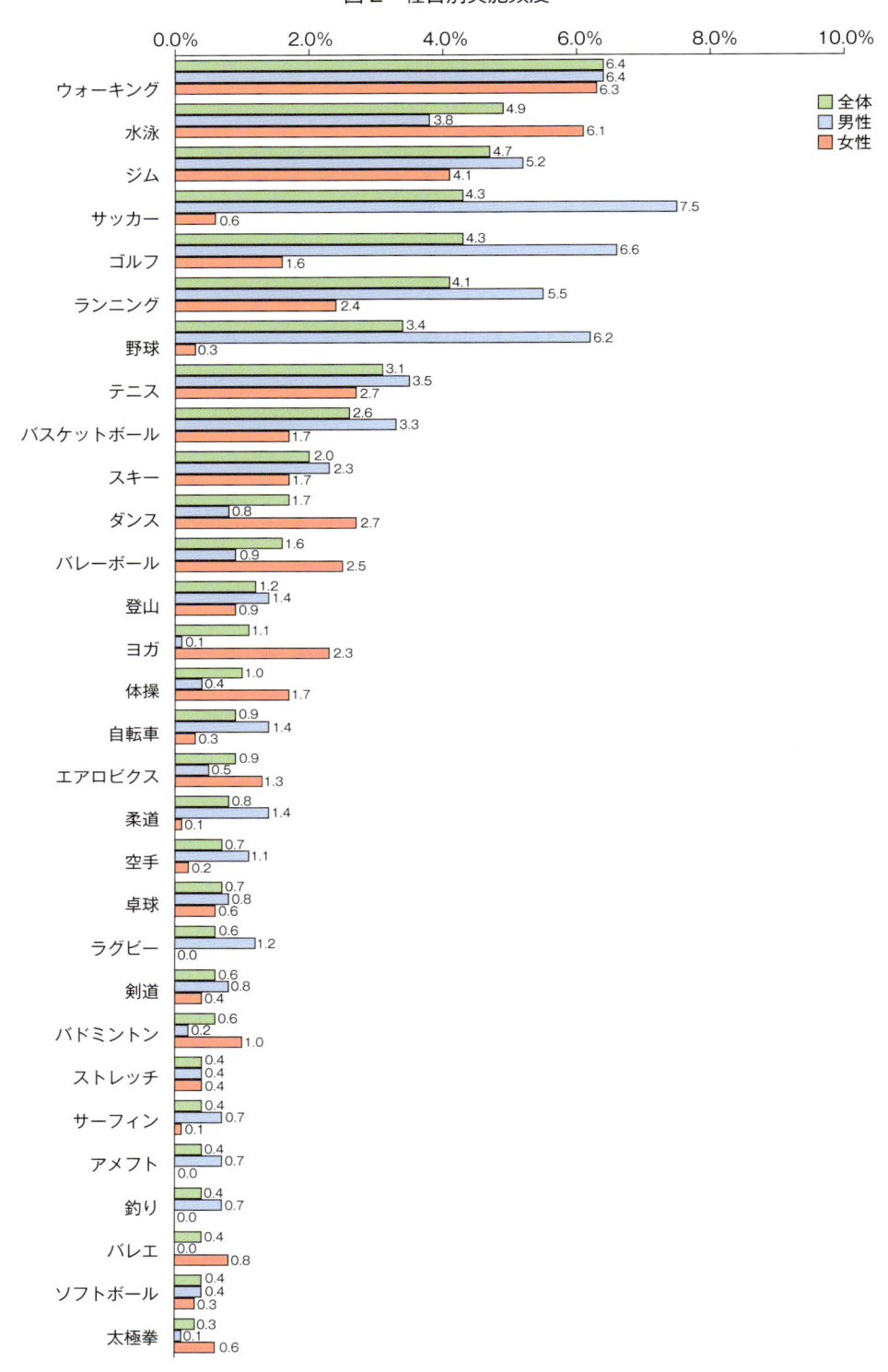

図2　種目別実施頻度

表 2　スポーツの実施頻度ランキング

	種目	男	女	合計	男 （割合）	女 （割合）	合計 （割合）
1	ウォーキング	435	372	807	6.39%	6.34%	6.37%
2	水泳	266	365	631	3.91%	6.22%	4.98%
3	ジム	351	239	590	5.16%	4.08%	4.66%
4	サッカー	449	96	545	6.60%	1.64%	4.30%
5	ゴルフ	510	33	543	7.49%	0.56%	4.29%
6	ランニング	374	142	516	5.50%	2.42%	4.07%
7	野球	419	15	434	6.16%	0.26%	3.43%
8	テニス	241	157	398	3.54%	2.68%	3.14%
9	バスケットボール	226	98	324	3.32%	1.67%	2.56%
10	スキー	156	99	255	2.29%	1.69%	2.01%
11	ダンス	53	172	225	0.78%	2.93%	1.78%
12	バレーボール	58	146	204	0.85%	2.49%	1.61%
13	ヨガ	9	147	156	0.13%	2.51%	1.23%
14	登山	100	53	153	1.47%	0.90%	1.21%
15	体操	31	104	135	0.46%	1.77%	1.07%
16	自転車	94	17	111	1.38%	0.29%	0.88%
17	エアロビクス	32	77	109	0.47%	1.31%	0.86%
18	柔道	94	5	99	1.38%	0.09%	0.78%
19	空手	76	14	90	1.12%	0.24%	0.71%
20	卓球	54	35	89	0.79%	0.60%	0.70%
21	ラグビー	79	0	79	1.16%	0.00%	0.62%
22	剣道	53	25	78	0.78%	0.43%	0.62%
23	バドミントン	17	58	75	0.25%	0.99%	0.59%
24	ストレッチ	28	24	52	0.41%	0.41%	0.41%
25	サーフィン	46	5	51	0.68%	0.09%	0.40%
26	アメフト	50	0	50	0.73%	0.00%	0.39%
27	バレエ	2	45	47	0.03%	0.77%	0.37%
28	釣り	47	0	47	0.69%	0.00%	0.37%
29	ソフトボール	27	18	45	0.40%	0.31%	0.36%
30	太極拳	5	36	41	0.07%	0.61%	0.32%

の種目を 20 位まで表 3 に挙げた。上位から、サッカー、野球、ゴルフ、バスケット、水泳の順である。女性の 20 位までは表 4 の通りで、上位から、水泳、テニス、バスケット、ゴルフの順である。男女ともゴルフ、バスケット、水泳が多い。スポーツをしている人に対するやめた人の比率は 7：1 で、スポーツをやめた人が再開することはほとんどなかった。また、学生時代にしていたスポーツを卒業後やめてしまうケースが多かった。

　スポーツの実施頻度については、週 1 回以上を基準としているが、ここで週 1 回未満を集計する。

　スポーツ実施数 6,170 のうち、週 1 回未満は 2,489（40.3％、総数の 19.6％）である。このグループは、運動不足と感じる人としてとらえることができよう。と

表 3　男性の以前やっていたスポーツ		
順位	種目	男
1	サッカー	63
2	野球	55
3	バスケットボール	46
4	ゴルフ	43
5	水泳	36
6	テニス	30
7	柔道	25
8	ランニング	21
9	ラグビー	17
10	バレーボール	16
11	スキー	14
12	空手	14
13	剣道	13
14	ウォーキング	12
15	卓球	12
16	登山	12
17	ジム	10
18	アメフト	9
19	ダンス	9
20	自転車	8

表 4　女性の以前やっていたスポーツ		
順位	種目	女
1	水泳	49
2	テニス	26
3	ジム	21
4	バスケットボール	20
5	ゴルフ	19
6	バレーボール	18
7	陸上競技	13
8	ヨガ	12
9	スキー	11
10	ダンス	11
11	卓球	9
12	ランニング	8
13	体操	6
14	登山	5
15	エアロビクス	4
16	バドミントン	4
17	剣道	4
18	ソフトボール	3
19	バランスボール	3
20	空手	3

いうのは、このグループの 19.6％ に、運動を実施していない人の 44.5％（5,644人）と、以前にしていて現在はスポーツ・運動をしていない人の 6.7％（855人）を合算すると 70.8％ となり、後述（19頁）の運動不足と感じる人の割合の 76.2％ に近似するからである。

　次に、スポーツ障害・外傷について集計し、年代別および男女別にまとめてみた。ここで、スポーツ障害とは、中等度以上の力が繰り返し加わって起こる障害（疲労骨折、アキレス腱炎等）のことで、スポーツ外傷とは、一度の強い力によって起こる外傷（骨折、捻挫等）のことを言う。

　スポーツ障害：119件（男 79件、女 40件）0.9％（図3）

図 3　年代別スポーツ障害（回数）

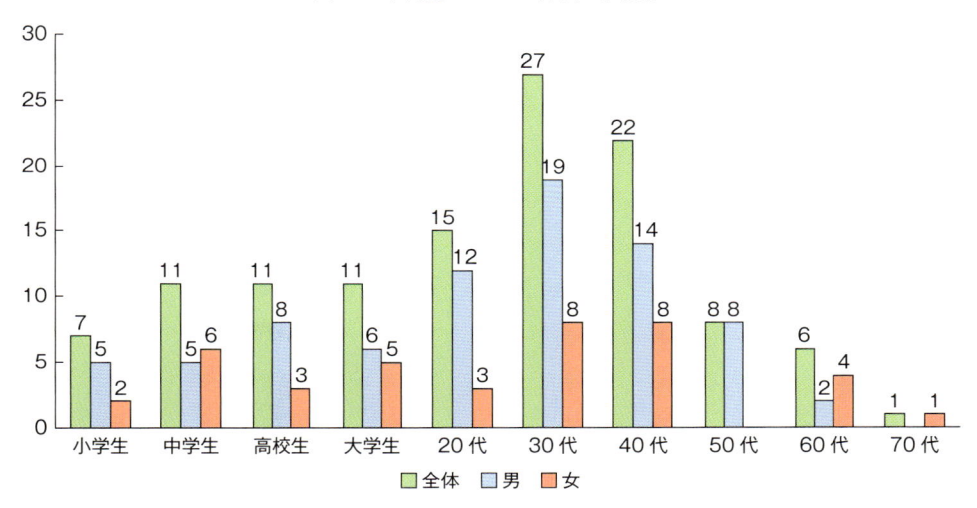

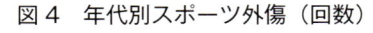

図 4　年代別スポーツ外傷（回数）

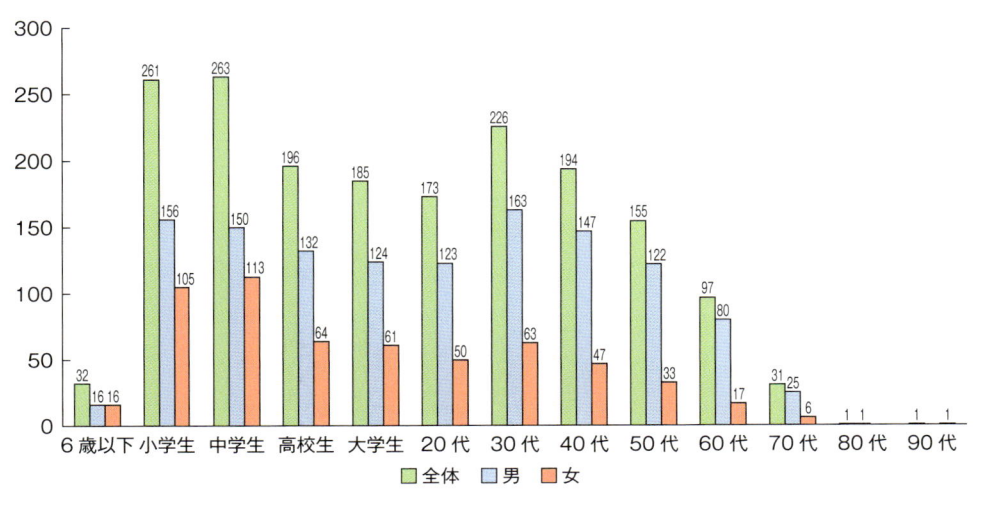

スポーツ外傷：1,815 件（男 1,239 件、女 576 件）14.3%（図 4）

運動器疾患を扱う整形外科である筆者は経験上、上記の数値は納得できるものである。

2　スポーツ庁実施率データとの比較

令和 4 年 3 月に策定された「第三期スポーツ基本計画」では、「成人の週 1 回以上のスポーツ実施率が 70% になること、成人の年 1 回以上のスポーツ実施率が 100% に近づくこと」、「1 回 30 分以上の軽く汗をかく運動を週 2 回以上実施し、1 年以上継続している運動習慣者の割合の増加」を目指すとの目標を掲げていた。その約 1 年後の令和 5 年 3 月にスポーツ庁から、令和 4 年度「スポーツの実施状況等に関する世論調査」についての発表があり、週 1 回以上のスポーツ・運動実施率は 52.3% という結果だった。表 5 に掲げたこの世論調査における、運動不足を「感じる」の割合は 76.2% となっており、「第三期スポーツ基本計画」の目標にはほど遠いと言えるだろう。この計画の中には、成人の年 1 回以上のスポーツの基準というものがあるが、果たしてこの基準にどれほどの意味があるのか。

表 5　この 1 年間に実施した運動・スポーツについて［2021 年度との比較］[8]

（%）

※ 2022 年度上位 20 種目抜粋	全体		男性		女性	
	2022 年度	2021 年度	2022 年度	2021 年度	2022 年度	2021 年度
ウォーキング（散歩・ぶらぶら歩き・一駅歩きなどを含む）	62.0	64.1	62.1	64.0	62.0	64.3
体操	14.0	15.2	9.9	11.1	18.1	19.2
トレーニング	13.6	14.4	16.2	17.4	11.1	11.5
階段昇降	12.3	13.7	13.3	14.6	11.3	12.8
ランニング（ジョギング）・マラソン・駅伝	11.5	12.8	17.4	19.1	5.6	6.6
自転車（BMX 含む）・サイクリング	11.2	11.8	13.6	14.7	8.8	8.9
エアロビクス・ヨガ・バレエ・ピラティス	6.9	6.6	1.8	1.8	12.0	11.4
ゴルフ（コースでのラウンド）	6.4	6.2	11.0	10.4	1.8	1.9
ゴルフ（練習場・シミュレーションゴルフ）	5.4	5.6	9.0	9.2	1.9	2.0
登山・トレッキング・トレイルランニング・ロッククライミング	4.8	4.2	6.0	5.4	3.6	2.9
水泳	4.2	3.6	5.0	4.2	3.3	3.1
釣り	3.1	4.0	4.8	6.5	1.4	1.6
テニス・ソフトテニス	3.0	2.8	3.8	3.3	2.2	2.3
ボウリング	2.9	2.7	3.6	3.4	2.2	2.0
キャンプ・オートキャンプ	2.9	2.3	3.8	3.1	1.9	1.5
バドミントン	2.7	2.7	2.7	2.6	2.7	2.8
ハイキング・ワンダーフォーゲル・オリエンテーリング	2.7	2.2	3.0	2.3	2.5	2.0
卓球（ラージボール含む）	2.6	2.2	2.9	2.3	2.3	2.1
スキー	2.5	1.8	3.5	2.6	1.5	1.1
野球	2.4	2.0	4.5	3.7	0.2	0.2

図 5　スポーツ庁「この 1 年間に実施した種目について」2022 年度調査 [8]

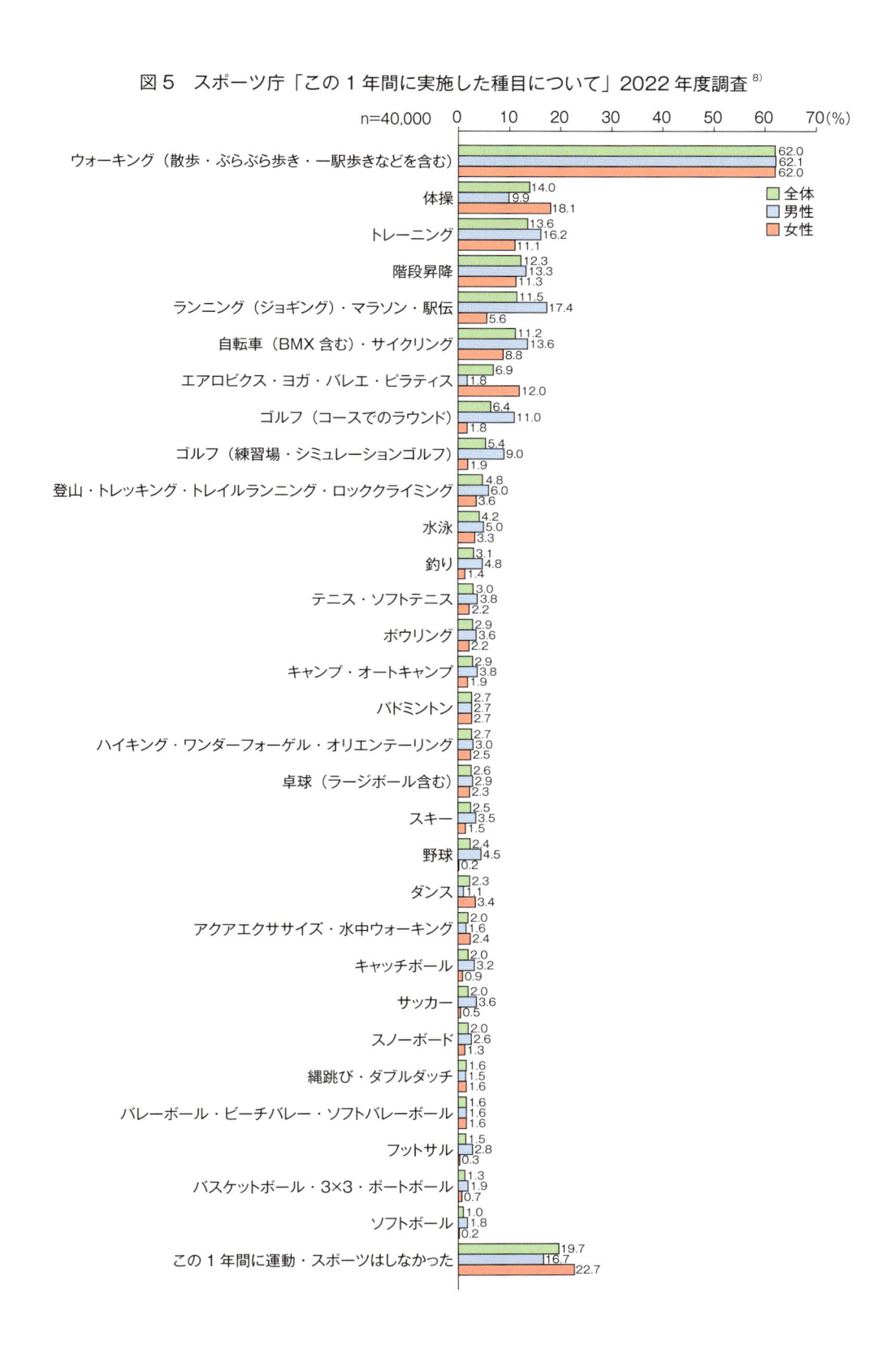

以下に、スポーツ庁の調査結果（図5)[8]と筆者の調査結果を比較検討する（筆者データを㋪、スポーツ庁データを㋜と略す）。

　㋜の調査対象：全国、調査対象は18~79歳の男女、対象パネル：「楽天インサイト」パネル約220万人、調査方法WEBアンケート調査、有効回答数40,000（前年度は回答数20,000で倍増している）

　㋜の調査期間：令和4年12月7～27日

（1）スポーツ実施率

　先ず、スポーツ実施状況の調査結果に影響する、㋜、㋪の調査対象、調査方法の違いを比べる。㋪の調査対象、方法は1節に記載した通りである。

　㋪の調査方法は、筆者自身の面談であり、有効回答数12,669、有効回答率は90%である。㋜の調査方法はWEBアンケート調査で、有効回答数40,000。有効回答率は1.8%（前年度は20,000、有効回答率0.9%）と低い。スポーツをしていない人たちの反応は低く、スポーツをしている人の割合が勝るためと推察できる。その結果、㋜のスポーツ実施率は高くなる。

　これに対して、㋪のスポーツの非実施率は51.3%である。㋜の非実施率は19.7%と著しい差がある。前述の回答率と同様に、スポーツをしていない人たちの回答率が低いためと推察され、㋜のスポーツ実施率の結果を大きく引き上げることになる。

　また、㋪、㋜の調査対象の年齢構成には差がある。そこで、㋜の対象年齢に合わせ㋪の実施率×1.3で補正した。㋪、㋜の調査対象、調査方法の違いでもスポーツ実施率にかなり影響があり、差が出ることを示している。

（2）種目別頻度の比較

　次に、㋪、㋜のスポーツ種目別実施頻度を比較する。ウォーキングを除くと2位以下の減衰カーブは似た形をとる。しかし、頻度、順位はかなり異なっている。ウォーキングについては後述する。

　㋪の2位は水泳で実施率6.37%（㋪は補正後の値、以下同様）、㋜では11位で実施率4.2%である。その理由は推測できない。㋜の2位の体操14.0%は㋪では15位1.3%に留まる。この差は体操にもさまざまな種類（ストレッチ、TV体操、朝の体操等）があり、そのどれを含むのかによる可能性があるが、㋜の14.0%は大き過ぎると感じる。体操については、㋪でも㋜でも女性は男性より実施率が高い。

　㋜の3位トレーニング13.6%と㋪の3位ジム8.7%は、1.5倍の差がある。㋜の4位階段昇降は具体的なスポーツの種目ではない。㋪の4位はサッカー5.5%で、男性の頻度が1番多い種目である。㋜ではサッカーは24位2.0%で㋪との差が最

も大きい。㋜の5位ランニング11.5%は、㋩では6位5.3%で順位は近い。㋩の5位はゴルフ5.6%で、男性の頻度が多くサッカーに次ぎ、㋜でも8位6.4%で近い数値を示す。㋜ではゴルフ練習をゴルフラウンドと別に掲げ9位5.4%であるが、ゴルフ練習を独立させるとは理解しにくい。8位のゴルフラウンドと重なっているのではないか。

　㋜の6位は自転車11.2%、㋩では16位1.17%で差が大きい。㋜の7位はエアロビクス・ヨガ・バレエ・ピラティス6.9%、㋩では、各種目を別に集計したので合算すると3.1%である。

　㋩の7位は野球4.4%、㋜では20位2.4%と、㋜の方が少ない。㋩の8位はテニス4.0%、㋜では13位3.0%である。㋩の9位はバスケットボール3.3%、㋜では29位1.3%である。

　㋜の10位は登山等4.8%、㋩では13位1.6%、㋩の10位はスキー2.6%、㋜の19位スキー2.5%に25位スノーボード2.0%を合わせて4.5%となる。

　以上、10位までを比較した。順位の違いの原因解明は、無理であろう。全般に、㋜のスポーツ実施率は、年齢構成の補正をしても㋩より倍近く高い。

　さて、㋜、㋩ともに1位のウォーキングであるが、㋜62.0%（男62.1%、女62.0%）㋩6.4%（男6.4%、女6.3%）と、その実施率の差は10倍になる。ウォーキングだけ㋜、㋩の差があまりにも違いすぎるので、その原因を追及しなければならない。

　その差が生じた原因は、㋜ではウォーキングの質問に散歩、ぶらぶら歩き、一駅歩きなどを含むとしているが、㋩ではスポーツ・運動の実施有無をたずねている。すなわち、㋜では、ウォーキングに**身体活動のうちの生活活動（仕事＋移動）**を含めている。㋩では、被検者は生活活動の仕事・移動をスポーツ・運動とは理解していない。ウォーキングという言葉は紛らわしい。大半が「生活活動（仕事＋移動)」であり、一部が、**非日常に時間設定された「スポーツ」**なのである。生活活動には、スポーツの基盤である"楽しむ"がないためにこのように分けることになる。今回のスポーツ実施率調査㋩と㋜の結果から、ウォーキングについて考察する。㋜のウォーキング60%は、生活活動＋スポーツからなる。㋩のウォーキング6%は、スポーツである。単純に、㋜のウォーキング（生活活動＋スポーツ）から㋩のウォーキング（スポーツ）を除くと、㋜のウォーキングのうち生活活動の占める割合は、54%となる。すなわち、㋜のウォーキングのうち90%を生活活動が占めていることになる。

　ところで、㋜のウォーキング60%とはどのような数字なのか。12頁に記載した「第三期スポーツ基本計画」では、週1回のスポーツ実施率が70%に達することを目標とするとある。しかし、㋜では、寝たきり以外のすべての活動はスポーツとしたのであるから、歩数計でなく身体活動量計で計測すればすでに実施率

は90%に達しているはずである（我が国の総人口1億2447万人のうち、入院121万人、外来713万人、寝たきり19万1352人、予備軍200万人、3歳以下の乳幼児240万人を差し引いた1億1154万人（総人口の90%）が通常の日常生活を送っていることによる）。

　すなわち、考えるに、いきなり90%の数字を出してスポーツ実施率を達成しているから、国民の運動不足は解消しているとするまやかしの説明では、さすがに、愚昧扱いされている国民も納得しないだろう。そこで、スポーツ実施率を統計上の操作で、年を経るほどに60から70さらに、すでに到達している90%へ誘導して、国民の運動不足は徐々に解消したかと思わせる企てを進めているとしか思えない。実は、スポーツとしてのウォーキング6%は不変であるから、運動不足（実は「スポーツ不足」（3節で説明））は解消していないのである。

　身体活動（生活活動）のウォーキングを含むか否かの影響が大き過ぎる。㋛のウォーキングのデータは、大半生活活動の実施率であって、本来のスポーツの実施率ではないことをおわかりいただけたであろうか。今回のような調査比較からでなければこのような実態を解明することは不可能であり、国民は、このような事実を全く知り得ない。

　ウォーキングの扱いと同じく、前述のスポーツ実施率2〜10位の中に含まれる階段昇降をスポーツとして扱ったり、ゴルフのラウンドと練習を別項目のスポーツとして扱う等は、見せかけのスポーツ実施率上昇につながる。

　さらに、㋛のデータの1〜20位のスポーツ実施率を合計すると、184.2%となり、100%をはるか超える（表6）。20位以下〜末位までの実施率を加算すると優に200%を越すであろう。すなわち、全員2種目以上のスポーツを実施していることになる。㋛では、ウォーキング、階段の昇降の日常生活動作が含まれるため全員2種目のスポーツを実施していることになる。果たしてそれは本当なのか？

　㋩の調査の有効回答数12,669のスポーツ実施率合計は、1人2、3種目実施の重複を含めたとしても60.58%である。国にとっては、見せかけのスポーツ率上昇は非常に重要らしい。また、後述の国民の「運動不足」を取り下げてしまいたい意向と思える。㋛のデータは、スポーツの実施率として扱わず、身体活動量として取り扱うべきである。

　ここで、スポーツに関わりのある知っておきたい用語を提示する[29)30)31)]。

　本書の「はじめに」で取り上げた「運動不足」の判断にも深く関わるので、「運動競技」「身体活動」「身体運動」「生活活動」「仕事」「移動」「余暇」「スポーツ・運動」の用語をはっきりさせておく必要がある。

運動競技：一定の規則に従って、何らかの技の優劣を競う。内容はさまざまで限定はない

身体活動：安静にしているより多くのエネルギーを消費するすべての動き。「仕

事」「移動」「余暇」に分けられる

身体活動の強さ：単位は「メッツ」。安静座位が 1 メッツ、普通歩行が 3 メッツ

身体活動量：単位は「エクササイズ」＝「身体活動の強度（メッツ）」×「時間」

身体運動：身体活動のうち、体力の維持・向上を目的として計画的・意図的に実施するもの

生活活動：身体活動のうち、身体運動以外のもの、職業活動上のものを含む、すなわち「身体活動」から「余暇」を除いた「仕事」＋「移動」を指す

身体能力：技能（スキル）をなるべく含まない身体の能力。筋力、柔軟性等の数値、最大酸素摂取量（持久力の目安）が該当

運動能力：技能を含んだ総合的な運動能力、「身体能力」＋「技能」を言う。例えば遠投、高跳び等

体力：概念が広い。上記の身体能力、運動能力もその一部

体力テスト：握力（筋力の指標）、上体起こし（筋力、筋持久力の指標）、長座位での前屈（柔軟性の指標）、反復横跳び（敏捷性の指標）、1,000m 走（男子は 1,500m）（全身持久力の指標）、50m 走（走能力）、立ち幅跳び（跳ぶ能力）、遠投（投能力）

　笹川スポーツ財団のスポーツライフ・データ調査に用いた「WHO が開発した世界標準化身体活動質問票（GPAQ：Global Physical Activity Questionnaire）[9)14)]の項目は、3 領域（仕事、移動、余暇）と座位から構成され、さらに 3 領域の身体活動は、中強度と高強度に分かれる。GPAQ の目的は身体活動量を把握することにあり、「仕事」には家事や介護、学業等、「移動」は通勤、通学、買い物のための移動、「余暇」にはスポーツや運動を含む（つまり WHO は「スポーツ・運動」を「余暇」に行うものとしているのである）。全体が「身体活動」である。身体活動から「余暇」を除いた、「仕事」＋「移動」が「生活活動」である。

3　「運動不足」とは何か
　　―国民の感じている運動不足とはスポーツ不足である

　先ず、㋐資料から「運動不足について」を引用する（表 6）。

　運動不足を「感じる」（「大いに感じる」＋「ある程度感じる」）とする割合は76.2%（前年 77.9%）、「感じない」（「あまり感じない」＋「ほとんど（全く）感じない」）とする割合は 21.8%、「わからない」が 2.0% となっている。性別で見ると、運動不足を「感じる」とする割合は**女性が男性より 8.0 ポイント高く**なっている。

表6　スポーツ庁「運動不足を感じますか」についての世論調査[8]

n=40,000			大いに感じる①	ある程度感じる②	感じる①+②	あまり感じない	ほとんど（全く）感じない	感じない③+④	わからない
全体		40,000	32.9	43.3	76.2	16.5	5.3	21.8	2.0
性別	男性	19,910	28.3	43.9	72.2	19.0	6.5	25.5	2.3
	女性	20,068	37.5	42.7	80.2	14.0	4.2	18.2	1.6
年代	10代	933	31.1	41.3	72.4	16.2	7.9	24.1	3.5
	20代	5,112	31.6	42.6	74.2	15.4	6.5	21.9	4.0
	30代	5,852	39.3	40.7	80.0	13.5	4.0	17.5	2.5
	40代	7,665	39.2	41.2	80.4	12.9	4.6	17.5	2.1
	50代	7,031	37.3	42.6	79.9	13.8	4.5	18.3	1.8
	60代	6,536	28.8	46.7	75.5	18.2	5.1	23.3	1.1
	70代	6,871	21.0	46.0	67.0	25.1	7.2	32.3	0.7

　年代別では、30〜50代で運動不足を「感じる」とする割合は8割を超える。

　運動頻度別で見ると、直近1年の運動頻度「週1未満」は運動不足を「感じる」とする割合が91.9%と最も高い。以上の結果は、一般の国民の感触を裏付ける数字（76.2%）と考えられる。すでに11頁に述べたように、筆者による調査の「運動不足」と感じていると思われる比率（「週1回未満の実施率」＋「現在運動をしていない人」の割合の70.8%）と相似する（図7）。

　76.2%の国民が感じている「運動不足」について図8に示した。

　上述のWHOのGPAQが示すように、国民は一般に、「仕事」、「移動」、は日常生活活動で、スポーツ・運動と思っていない。なぜなら仕事・移動にはスポーツの基盤である"楽しむ"が含まれていないからである。さらに、スポーツは、日常生活から離れて余暇で行うことを必須と理解している。

　なぜ、「スポーツ不足」を減らすように見せかけなければならないか訝しく思い、「スポーツ」の定義を遡って追跡した。1961年のスポーツ振興法[10]で、「スポーツ」とは、「運動競技および身体運動（キャンプ活動その他の野外活動を含む）」となっており、明快であった。㋩の受診者は、ウォーキングのうち大半は生活活動に属し、非日常に設定されたウォーキングのみがスポーツと理解している。

　ところが、50年後の2011年スポーツ基本法[11]で、「スポーツ」は「運動競技その他の身体活動」に修正された。身体活動は身体運動に生活活動（職業活動上のものを含む）を加えたものである。そこには一体どんな深慮遠謀があるのか。

　変わったのはたった1字、「運動」→「活動」、のように見えるが、実は、基本

をゆるがす大問題を秘めている。海外では、スポーツの基本は"楽しむ"ことであり、それが文化として根付いている。しかし、生活活動には"楽しむ"の基本はない。また、序章で述べたように、日本では歴史的に見てスポーツを"楽しむ"風土が弱いのである。

この定義の変更により、日本のスポーツはさらに弱体化し、「スポーツ文化」とはほど遠くなると考えられる。海外でスポーツを身体競技その他の身体活動としている国などあるのか。

スポーツ基本法は、本来の「スポーツ」の本質・本態を歪曲し、身体活動の同

図7 筆者のデータによる「運動不足」の割合　　図8 スポーツ庁のデータによる「運動不足」の割合

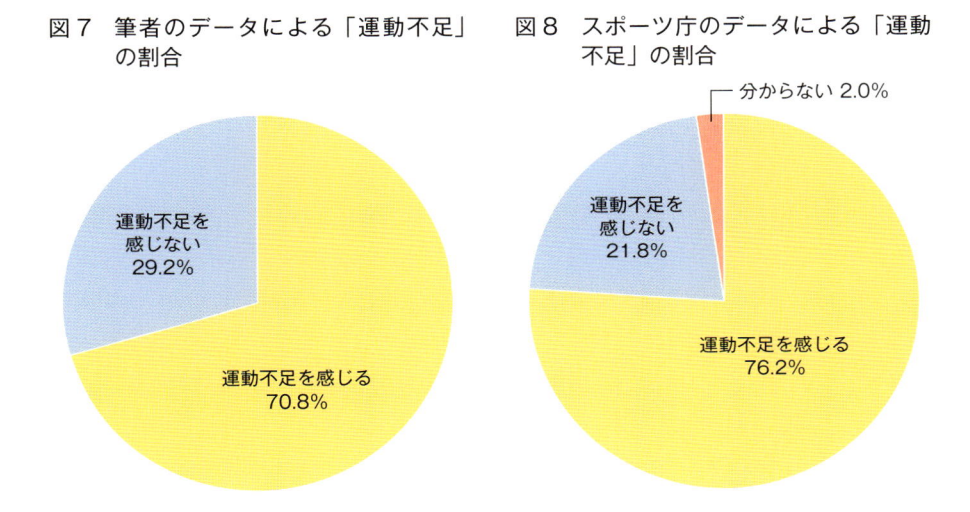

図9 身体活動量と仕事・移動・余暇が占める構成

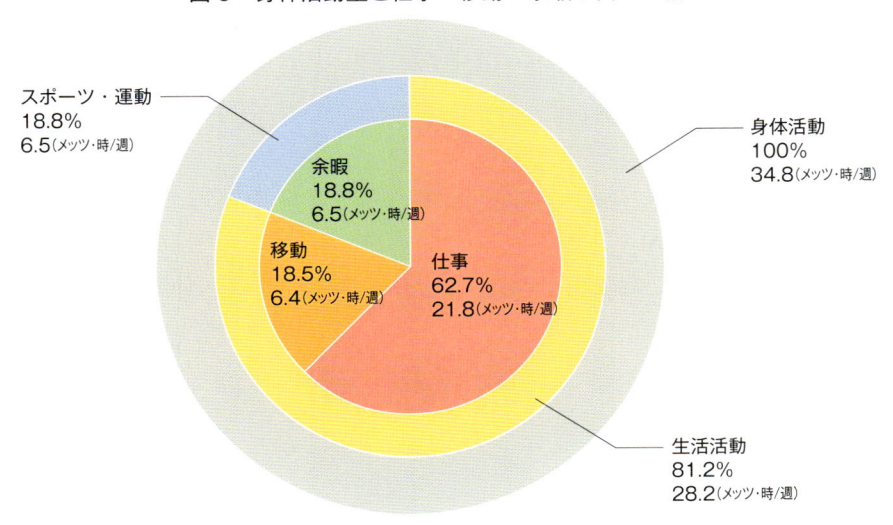

笹川スポーツ財団より加工許可を受けたもの（笹川スポーツ財団「スポーツライフデータ」2020 P87 図7〜9）

義語にしたのである。「身体活動」は、安静にしているよりもエネルギーを消費するすべての動きである。寝ている以外の「身体活動」のすべてをスポーツであると基本法で定めたのである。なぜそこまでしなければならないか。スポーツと区別されるべき生活活動を抱き込んでスポーツ実施率を上昇させてあたかも運動不足が解消したと国民に錯覚させるためとしか思えない。

16頁に述べたように、ウォーキングの90％は生活活動であり、残りの10％がスポーツである。しかし国は、その10％しか占めていないものを、100％スポーツと見せかけるための企てを行った。この手品のタネは、前述のスポーツ振興法の身体「運」動をスポーツ基本法で身体「活」動に1字変えただけである。すなわち、「身体活動（そのうちの80％が生活活動）」＝「スポーツ」として、生活活動をスポーツの中に取り込んだのである。実に巧みというか悪質というか、謀略である。このからくりに気付く人は先ずいないであろう。世界共通のWHOの基準を無視することは許しがたい。定義を「身体運動」に戻すべきである。

さらに気になることがある。それはスポーツ振興法[10]の第3条の2にある“この法律に規定するスポーツの振興に関する施策は、営利のためのスポーツを振興するためのものではない”の項目が消失したことである。オリンピックでアマチュアリズムが消失した過程と、日本スポーツ協会がプロ選手の存在を認めるようになった過程と、現今のメディアスポーツの隆盛が無関係とは思えない。やはり作為的である。つまり、国はプロ組織のメジャースポーツの後押しをして、マイナースポーツを見放していることになる。

繰り返す。スポーツ・運動について論ずるなら、「余暇」のスポーツ・運動に限定するべきである。

前述のⒶのスポーツは、身体活動を指し、Ⓗのスポーツは、仕事、移動を含まないため両者の結果に大きな差が生じたのである。国民は、一般に、「仕事」、「移動」は、日常生活活動で、スポーツ・運動と思っていない。仕事・移動にはスポーツの基盤である“楽しむ”が含まれていない。さらに、日常生活から離れるスポーツの必須条件を満たしていないからである。

ここで笹川スポーツ財団による身体活動量についてのデータを示したい。それでは、日本人の身体活動量の平均は34.8メッツ・時／週であり、仕事（21.8メッツ・時／週）、移動（6.4メッツ・時／週）、余暇（6.5メッツ時／週）を合わせた生活活動量は28.2メッツ・時／週であり、身体活動量全体の80％を超えている（メッツとは「安静時を1とした時に、何倍のエネルギーを消費するか」を示す“運動強度”の単位。ウォーキング（速歩）は、4.5メッツ、ランニングは10メッツ。また、メッツ・時／週とは「運動強度×時間」で計算する“運動量”の単位。ある運動強度「aメッツ」の運動を1時間実施する場合は「aメッツ・時」、それが1週間の平均となる場合は「aメッツ・時／週」である）。笹川スポーツ

財団データから加工の許可を得て作図したものを示す（図9）[12]。

　図9に示すように「身体活動」の中に「スポーツ」が含まれるが、やはり「身体活動」＝「スポーツ」ではない。序章2頁に既述したスポーツ基本法の〝スポーツは日常生活の一部〟としたところに基本的問題がある。スポーツ基本法以降、我が国には、真の「スポーツ」はなくなったと言える。身体活動だけが残ったと理解する方がわかりやすい。そのためか、スポーツ庁開設以後、急速にスポーツ実施率は上昇して目標に近づいたという。

　さて、図7、8の「運動不足と感じている」部分と図9の「生活活動」部分が近似していることがおわかりいただけるだろうか。これは偶然ではない。生活活動に追われて「スポーツ・運動する時間が取れない」「生活にゆとりがない」方々が、「運動不足を感じている」方々そのものなのである。

　また、図9に示した国民の身体活動量を見れば、後述する厚労省が策定した身体活動基準をすでに上回っているのであり、運動不足の状態ではないことがわかる。

　つまり、運動不足を感じている方々というのは、実は余暇を楽しむスポーツ・運動が不足しているのである。

　20、30、40代において生活活動の「仕事」が増えていき、「余暇」が減る。一方、高齢となって「仕事」が減り「余暇」が増えていく[12]のであるが、それと合わせるように表6においては、50代以降で運動不足と感じる割合が減って行くのである。

　国民の願っているのは、心豊かな日々のため、健康維持・増進のため、楽しめるスポーツ・運動をやることである。すなわち、図9の「余暇」に含まれるスポーツ・運動の部分を広げたいのである。勤勉な国民が、現在の総身体活動量枠をさらに広げることは無理であろう。「余暇」のスポーツ・運動を広げるためには生活活動のうち、「仕事」の部分を狭めるしかない。

　それには、今日問題となっている過剰労働に対する労働時間適正化を図らなければならない。その分を「余暇」にまわす国策が不可欠になる。また給与の改善、有給休暇取得の改善である。このような積極的な国策がないと、国民の約80％が感じている「運動不足」は解決しない。

　筆者の調査で、国民のプレーヤーの実施しているスポーツの種類の多さ（120種目）に驚いた。一般に、スポーツはどのような経路で移入され、普及したか、すべて民間任せにしているのではないか。国は、「生涯スポーツ」を実施する環境の整備、安全の管理、皆が楽しめるための指導者の育成にどれほどの実績があるのだろうか。いずれにせよ国は、マイナースポーツの大衆化に積極的とは言えない。

　スポーツを「みる」こともスポーツに参加することだから、見て楽しめとする

が、それは国が力を入れずとも、現今、隆盛を極めるメディアスポーツ文化（産業）が積極的に関わっている次元である。「みるスポーツ」はスポーツの本質とは別次元の娯楽であり、「するスポーツ」の代行にはなり得ない。スポーツは「する」ことにしか価値はないのである。

4　健康を保つための身体活動

　身体活動は、本来、スポーツとは別次元で取り上げるべき用語である。再々述べてきたように、身体活動の80％が生活活動である。「国民の感じる運動不足」とは、身体活動不足ではない、余暇時間の運動（スポーツ）不足であることを先ず明確にしておかなければならない。

　ここでは、身体活動と健康との関係について触れておく。

　我が国における健康づくりと身体活動基準の変遷を歴史的に見れば、厚労省は、第1次国民健康づくりを1978年にスタートした。次いで、第2次国民健康づくり（アクティーブヘルスプラン80）を1988年に策定した。第3次国民健康づくりが今回の健康日本21（第一次）2000〜2012年になる。第4次国民健康づくりは、健康日本21（第二次）2013〜2023年である。第5次国民健康づくりは、健康日本21（第三次）2024年〜として全部を改正した（図10）[120]。

　健康づくりの「1、2、3、4、5次」と、健康日本21の「一、二、三次」がず

図10　我が国における健康づくり運動と身体活動基準の変遷

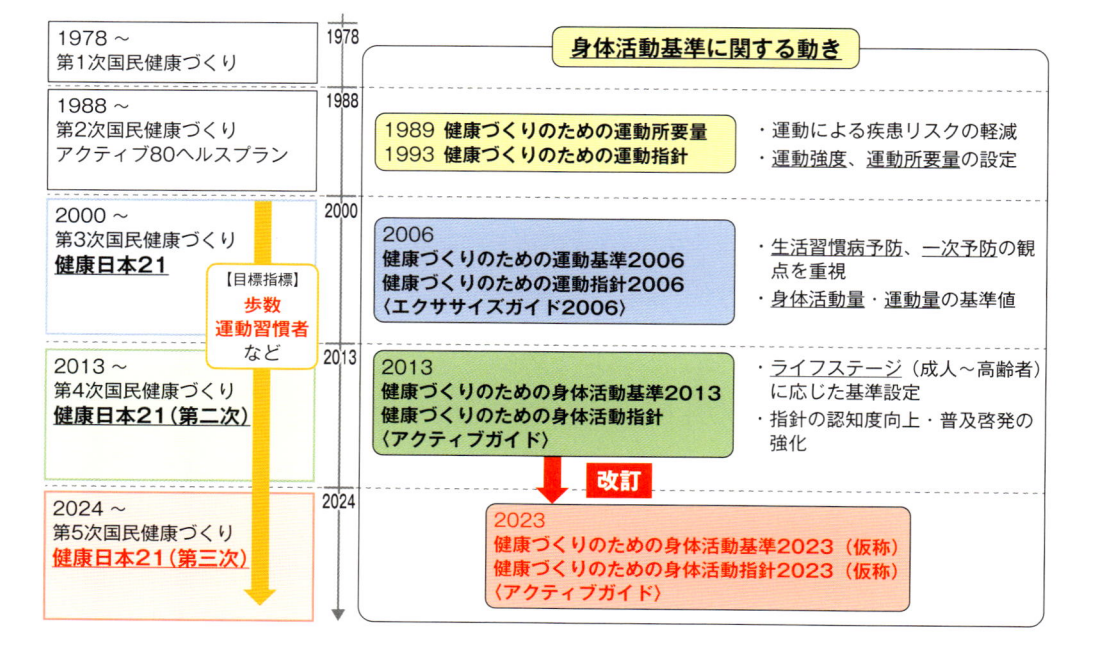

コラム③

身体活動量・運動量の基準値

　厚生労働省は、1989（平成元）年に策定した健康づくりのための運動所要量を見直し、2006 年に、身体活動量と運動量の基準を設定した。具体的には、身体活動を主体として健康づくりをする人であれば、23 メッツ・時/週、毎日 8,000〜10,000 歩の歩行が目安であり、運動を主体とする人では、4 メッツ・時/週、ジョギングやテニスを約 35 分間、速歩では 1 時間の実施が目安となった。

表 7　健康日本 21（第一次）日常生活における歩数増加の目標

項目	現状（1997 年）＊		目標（2010 年）	
日常生活における歩数の増加	成人 男性　8,202 歩 女性　7,282 歩	70 歳以上 男性　5,436 歩 女性　4,604 歩	成人＊＊ 男性　9,200 歩以上 女性　8,300 歩以上	70 歳以上＊＊＊ 男性　6,700 歩以上 女性　5,900 歩以上
運動習慣者の割合の増加※	成人＊ 男性　28.6% 女性　24.6%		成人 男性　39%以上 女性　35%以上	

＊：平成 9 年国民栄養調査
＊＊：約 1,000 歩の増加：歩く時間で約 10 分、歩行距離で 600〜700m の歩行に相当
＊＊＊：約 1,300 歩の増加：歩く時間で約 10 分、歩行距離で 650〜800m の歩行に相当
※：運動習慣者：1 回 30 分以上の運動を、週 2 回以上実施じ、1 年以上持続している人

れていて分かりにくい。

　この間、身体活動基準に関する動きは別に定められている（図 10）[120]。

　1989（平成元）年に健康づくりのための運動所要量を、1993 年に同運動指針を定め、2006 年に健康づくりのための運動基準、同運動指針（エクササイズガイド 2006）を新たに定め、身体活動量・運動量の基準値とした（コラム③）。2013 年には、健康づくりのための身体活動基準 2013（図 11）、同運動指針（アクティブガイド）を策定し、ライフステージに応じた基準設定とした（図 12）コラム③。ここで、**前基準の運動は身体活動に置き換わった**のである図 11。さらに、2024 年、健康づくりのための身体活動指針 2023（アクティブガイド）を策定した（図 12）。

　「健康日本 21」の表記に、「身体活動・運動」とある。これはなぜか。WHO の身体活動は、生活活動の身体活動、移動の身体活動、余暇時間の身体活動である。運動とは身体運動のことで、余暇時間の身体活動のことであり、身体活動と運動を併記するのは総論と各論を同次元で並べることになる。身体活動の 80% 強は、生活活動（仕事＋移動）であり、20% 弱が余暇時間の（身体）運動である。

　「健康日本 21」の一次調査の結果、1997（平成 9）年策定時歩数は、男性 8202 歩、女性 7282 歩、10 年後の歩数目標値は、男性 9200 歩、女性 8,300 歩。1 日当

図11　健康づくりのための身体活動基準 2013

ライフステージに応じた健康づくりのための身体活動（生活活動・運動）を推進することで健康日本21（第二次）の推進に資するよう、「健康づくりのための運動基準 2006」を改定し、「健康づくりのための身体活動基準 2013」を策定した。

血糖・血圧・脂質に関する状況		身体活動（＝生活活動※1＋運動※2）		運動		体力（うち全身持久力）
健診結果が基準範囲内	65歳以上	強度を問わず、身体活動を毎日40分（＝10メッツ・時／週）	世代共通の方向性 今より少しでも増やす（例えば10分多く歩く）	ー	世代共通の方向性 運動習慣をもつようにする（30分以上の運動を週2日以上）	ー
	18〜64歳	3メッツ以上の強度の身体活動を（歩行又はそれと同等以上）毎日60分（＝23メッツ・時／週）		3メッツ以上の強度の運動を（息が弾み汗をかく程度）毎週60分（＝4メッツ・時／週）		性・年代別に示した強度での運動を約3分継続可
	18歳未満	【参考】幼児期運動指針：「毎日60分以上、楽しく体を動かすことが望ましい」		ー		ー
血糖・血圧・脂質のいずれかが保健指導レベルの者		医療機関にかかっておらず、「身体活動のリスクに関するスクリーニングシート」でリスクがないことを確認できれば、対象者が運動開始前・実施中に自ら体調確認ができるよう支援した上で、保健指導の一環としての運動指導を積極的に行う。				
リスク重複者又は受診勧奨者		生活習慣病患者が積極的に運動をする際には、安全面での配慮が特に重要になるので、かかりつけの医師に相談する。				

図12　健康づくりのための身体活動指針（アクティブガイド）

コラム ④

アクティブガイドは受け入れられるのか

　「アクティブガイド・いつでもどこでも + 10」とは健康づくりのための身体活動基準であるという。こんなに簡単にできるのですよという厚労省の提案である。

　ところで、筆者は、5 年前に、"非特異的腰痛とは何か"―primary care 以前に知っておきたいことを刊行した。書中で、ヒトは、正しい姿勢をとり続けることができるか？その答えは「できない」である。古来、正しい姿勢をとるようにと言われ、国際学会のキャンペーンにも健康は正しい姿勢からとある。

　正しい姿勢をとりなさいという人は、おそらく自身正しい姿勢をとっていない人であろう。ヒトは日常、特に正しい立ち方、座り方に注意を払っていない。まして、正しい姿勢をとり続けることはあり得ない。したがって、正しい姿勢を取り続ける至難の技を求めるより、いかに不良姿勢を続けないかが課題である。ヒトは動物すなわち動くものであるから、動き続けて不良姿勢を断ち切ることが解決策である。

　アクティブガイドも同じである。現代人は情報化時代に多忙である。ことに、子育て中、仕事についているご婦人は、時には座る時間がほしいという。歩いている最中もスマホを見続けるほどゆとりの時間がないのである。そこで、たった 10 分でいいから余分に動きましょうという提案は、毎日となれば、大きな負担となる。各人、日常生活動作には優先順位があり、すべての身体活動は、任意、自主性、自発性である大前提を理解できていないと進まない。いいことだから、簡単だから、あなたのためになるからだけでは受け入れられないことを理解しておくべきである。

　たり平均歩数で 1,000 歩、歩く時間で 10 分の増加が推奨された（表 7）[118]。

　しかし、2009（平成 21）年最終時にかけて日常生活における歩数は、総数で減少し、歩行がより必要な高齢者でさらに減少傾向にある（図 13）[122]（表 8）。二次調査（2009（平成 21）年～2019（令和元）年）最終評価では、この間の歩数・運動習慣の厚労省最終評価（図 14）は「C 変わらない」であるが[120]、実態としては、2010 年より歩数は全体としてやや減少し、運動習慣者はさらに減少している。

　歩数減少の要因は、機械化・自動化の進展や移動手段の発達等、生活環境の変化が労働場面、家庭場面、移動場面における歩行機会の減少をもたらしたことをあげている。運動習慣の減少の要因は、運動をするには余暇時間や動機・環境が

必要なのだが、啓発あるいは環境整備に向けた働きかけが十分でなかったことが一因だと考えられるとしている。筆者がすでに指摘してきたことである。ようやく、その結果を解析できたのは良しとして、どう対策をするかである。

図13　健康日本21（第二次）の推進に関する参考資料

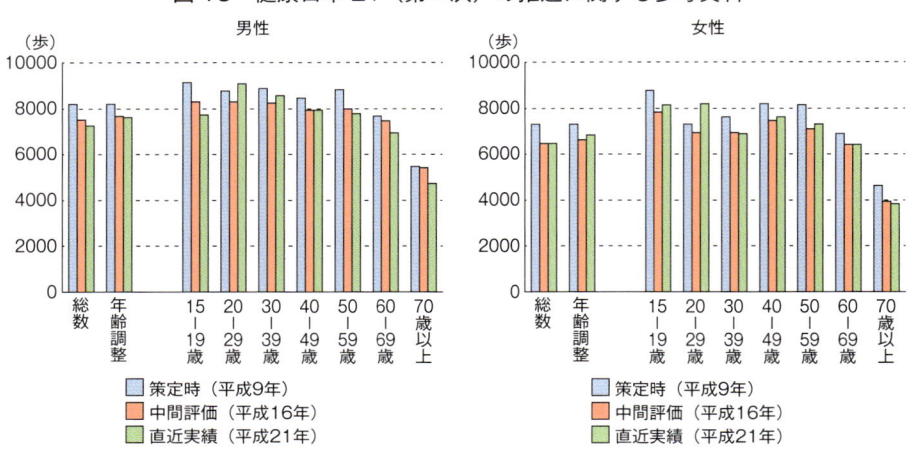

（資料：健康日本21評価作業チーム「健康日本21」最終評価）

図14　健康日本21（第二次）最終評価　身体活動・運動分野

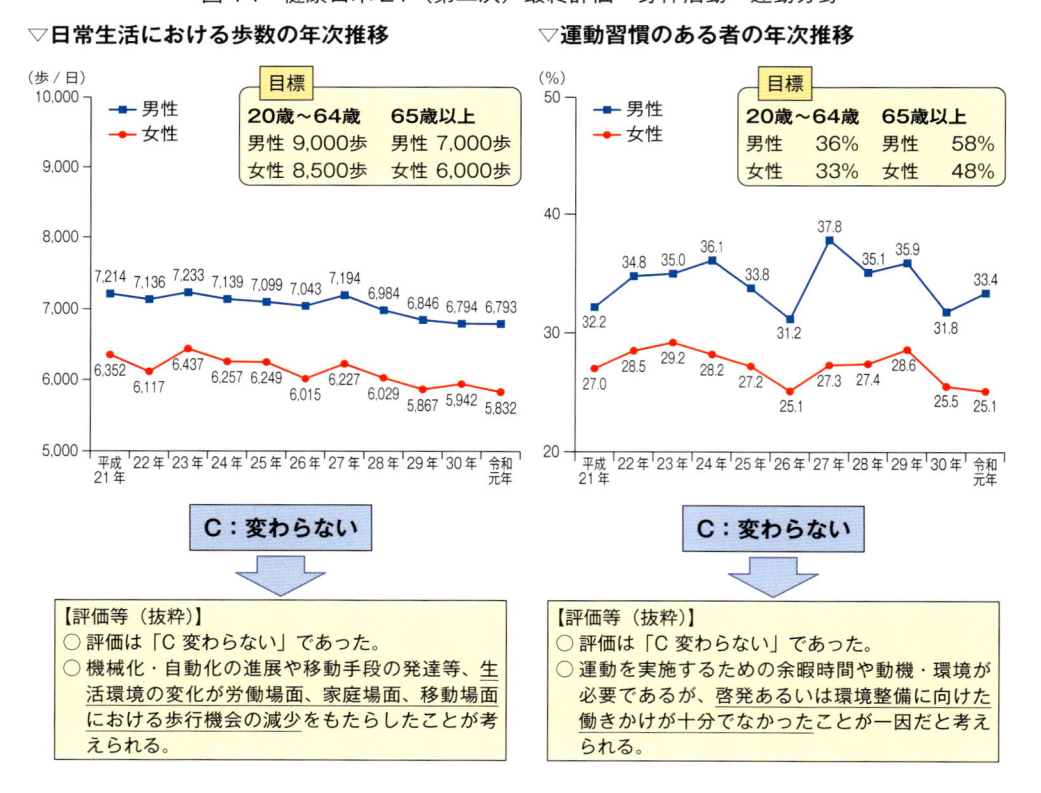

　この節の以下の 4 図表は身体活動関連として 29〜31 頁にまとめました。ご参照ください。

　表 8　健康日本 21（第二次）身体活動・運動分野に関する目標項目

　図 15　健康づくりのための身体活動・運動ガイド 2023　推奨事項一覧

　表 9　健康日本 21（第三次）身体活動・運動分野に関する目標項目

　図 16　健康日本 21（第三次）の全体像

　勤勉な国民は、目いっぱいの生活活動をしているから、現状以上に身体活動量を増やことは困難である。身体活動・運動はすべて自発性、自主性をもって行われるものであることを十分に認識しないと前に進まない。「健康日本 21（第三次）」（表 9）[122] 二次までの実情を分析した結果、次の 10 年の歩数・運動習慣の目標値（2032（令和 14）年）を現状× 1.1 としたが、まだ高いのではないか。国民の総身体活動量は、厚生省が示す身体活動基準（22 頁）をすでに越えている。歩行量（歩数）の増大による健康増進効果はかなり達成されていると考えられないか。生活活動が 90% を占めるウオーキングの量をさらに増やすことは困難で、まして運動不足の解消には全くつながらない。

　健康日本 21（第三次）の全体像（図 16）と、身体活動・運動ガイド 2023（図 15）を示す。

　さて、上記身体活動基準に関する動きを見直してみる。厚労省「健康づくりのための運動基準 2006」〜身体活動・運動・体力〜報告書から引用する。1989 年に策定された健康づくりのための**運動所要量**の用語は、当時の「第四次改訂本人の栄養所要量」と対比して"健康を維持するために望ましい運動量の目安"として定められた。その後、栄養分野で食事摂取基準の考えを採用したことから、栄養所要量という表現がなくなり、推奨量という表現となった。そこで栄養分野との整合性を図るため「基準値」という用語を使うことにしたという。

　身体活動・運動と生活習慣病との関係を示した疫学的研究の対象は、日常生活におけるすべての身体活動から、スポーツ活動を中心とした運動に限定したものまで幅広い。それらの研究により、必ずしも運動でなくても、中等度の身体活動であれば、生活習慣病の予防効果があることがわかってきた。現代社会では、日常的に運動を実施することは困難であることが多い点も考慮して、1955 年に発表された CDC（アメリカ疾病管理センター）／ACSM（アメリカスポーツ医学会）のレポート[127] 以降、有酸素性運動に限らず、中等度以上の身体活動を研究対象とするものが多くなった。しかし、今回システマティック・レビューにより抽出された文献には、運動に関する疫学的な知見も多い。そこで今回は、身体活動と運動の両方に、健康づくりのための基準値を設定した。以上の解説から、身体活動の用語の健康づくりのための運動基準への混入の過程が初めて明らかにされた。しかし、身体活動の 80% は生活活動であるから、前述のように「身体活動・運

動」ではなく、「生活活動・運動」とするべきと考える。国民の総身体活動量、生活活動量の平均は厚生省の基準を越えている。したがって、余暇の身体活動で論じないと「国民のスポーツ不足」は解決しない。

2016 年、青柳[18] は群馬県中之条町の 65 歳以上の全住民 5,000 人の協力を得て、24 時間 365 日の 10 年にわたる調査から導き出した「身体活動と健康の関連性」の黄金律 1 日 8,000 歩、そのうち 20 分の中等度運動を提唱した。

身体活動を記録する際、活動量計[30] を使用すると、歩数計とは異なって活動の強さや時間帯も計測できる。歩数計の我が国での販売は 1965 年からだという（ちなみに「万歩計」は販売メーカーの商品名である。その後、ウェアラブル端末等いろいろの機能が付加された活動量計が開発され、販売されている。使用目的に合った機種を選択するとよい）。青柳の言う 8,000 歩とは、身体活動量の総和のことで、歩数計の数字ではない。しかし、65 才以上のデータとして 8000 歩は高すぎるのではないかとの指摘もある[104]。

最近の情報として、健康維持によいとされる歩行目標「1 日 8,000 歩」について京都大学の研究グループ[19] は、週 1〜2 日の頻度でも、週の半分以上歩く人とほぼ同等に死亡リスクを低下させる効果があるとの研究成果を国際学術誌電子版に掲示した。

中村ら[20] は、「疲れる」「時間がない」といった筋トレを継続する上でありがちな "壁" に対し、どれくらい手軽でいいのかを探った。39 人の大学生において肘関節を固定、屈、伸の 3 状態でダンベル負荷をかけた実験の結果から、手軽

コラム ⑤

座位に注目 [21][22]

筋運動は単なるリハビリテーション効果だけでなく、**骨格筋を収縮させることが生命維持の上で重要な意義を含んでいる**ことが最近明らかになってきた。

近年、社会の生活様式が急速に変化し、健康人であっても 1 日の大半を座位で過ごす "too much sitting" のライフスタイルに移行している。コロナ禍のテレワークがさらにこれを増長させた。腰背筋の筋力低下や抗重力筋の萎縮が慢性痛の危険因子となっている。筋運動には百薬の長とも言うべき生理学的意義があるということである。

筋運動が始まると PGCI-α（転写調節因子）という物質が筋組織中に発現し、慢性炎症と老化を防ぎ、健康と若さを保つのに重要な役割を果たす。PGCI-α を多く発現させるには、日常的に骨格筋をこまめに活動させることが必須である。

な運動療法開発として 1 日 3 秒の筋トレでも効果があることがわかった。

　身体活動と関連が深く、健康に影響を与える生活習慣として「座位」がある。コラム⑤にその意義と重要性のポイントをまとめた[21)22)]。

　ヒトは動くもの、動物である。長時間座り続ける構造にはなっていない。殊に、前傾、前屈の不良姿勢の継続が問題である。筆者は、座位の際に、ヨガブロックを常用して、不良姿勢が継続しないように努めている。どのくらいの時間が座位持続の許容範囲かというと小学校の授業時間と思えばよい。おおよそ 1 時間である。その間、15～20 分に 1 回、作業をやめ座ったまま頭を持ち上げて両肩を大きく回して深呼吸をする。1 回でもかなり有効である。1 時間経ったら立ち上がる、トイレをすませ、軽いストレッチ（巻末付録から 2, 3 ピックアップしていただきたい）ができればなおよい。座り続けなければよいのである。5 分でよい。ウェアラブル端末をつけていると、座ったままでいないで立ち上がって体操しましょうと合図の音がして、動画が流れる。1 時間はすぐ来てしまう。スマホに 1 時間ごとのアラームを半日ごとセットしておくと気付きやすい。

　ここで、日本人の座位時間のデータを引用する[23)]。表 10 は座位時間の平均値を性・年代順に示している。全体では 1 日当たりの平均座位時間は 5.5 時間で、男性 5.7 時間、女性 5.3 時間と男性がやや長い。20 代男女や 50 代男性では平均 6 時間以上であった。世界 62 カ国で調査された座位時間の中央値は 4.7 時間で、日本人の座位時間の長さが世界でもトップクラスであることが示されたという。座位時間の短縮には労働時間の適正化など働き方改革等の施策が必須である。

表 10　普段の 1 日における座ったり横になったりして過ごす時間 （性別・性×年代別）[23)]

	男性 ($n=1493$)	18-19 歳 ($n=37$)	20 代 ($n=193$)	30 代 ($n=235$)	40 代 ($n=301$)	50 代 ($n=263$)	60 代 ($n=256$)	70 代以上 ($n=218$)
時間 （時）／日	5.7	5.1	6.1	5.4	5.6	6.2	5.5	5.8
	女性 ($n=1507$)	18-19 歳 ($n=35$)	20 代 ($n=184$)	30 代 ($n=223$)	40 代 ($n=290$)	50 代 ($n=250$)	60 代 ($n=256$)	70 代以上 ($n=259$)
時間 （時）／日	5.3	6.2	6.2	4.9	5.2	5.5	5.3	5.1

表 8 　健康日本 21（第二次）身体活動・運動分野に関する目標項目

項目	現 状（原則 2010 年）	目 標（2022 年）	目標の根拠
日常生活における歩数の増加	20 歳～64 歳　65 歳以上 男性 7,841 歩　男性 5,628 歩 女性 6,883 歩　女性 4,584 歩	20 歳～64 歳　65 歳以上 男性 9,000 歩　男性 7,000 歩 女性 8,500 歩　女性 6,000 歩 （＋約 1,500 歩）※	1 日 1500 歩の増加は、NCD 発症及び死亡リスクの約 2% 減少に相当し、血圧 1.5mmHg 減少につながる。
運動習慣者の割合の増加	20 歳～64 歳　65 歳以上 男性 26.3%　男性 47.6% 女性 22.9%　女性 37.6%	20 歳～64 歳　65 歳以上 男性 36%　男性 58% 女性 33%　女性 48% （＋ 10%）	運動実施者の割合を現状から 10% 増加させると、国民全体の NCD 発症・死亡リスクの約 1% 減少が期待できる。
住民が運動しやすいまちづくり・環境整備に取り組む自治体数の増加	17 都道府県 （2012 年）	47 都道府県	健康日本 21 の最終評価において、運動・身体活動の重要性を理解していても行動に移せない人々に対して、個人の置かれている環境（地理的・インフラ的・社会経済的）や地域・職場における社会支援の改善が必要である、との指摘あり。

※健康日本 21 の最終評価で、歩数の減少傾向が認められたにも関わらず、歩数を増加させる目標を設定した考え方
余暇時間の少ない働き盛りの世代において、運動のみならず就業や家事などの場面での生活活動も含む身体活動全体の増加や活発化を通して、活発な身体活動としての歩数を増加させる必要がある。

図 15 　健康づくりのための身体活動・運動ガイド 2023 　推奨事項一覧

全体の方向性	個人差を踏まえ、強度や量を調整し、可能なものから取り組む 今よりも少しでも多く身体を動かす	

対象者※1	身体活動※2（＝生活活動※3＋運動※4）		座位行動※6
高齢者	歩行又はそれと同等以上の （3 メッツ以上の強度の） 身体活動を **1 日 40 分以上** （1 日約 **6,000 歩**以上） （=週 15 メッツ・時以上）	**運動** 有酸素運動・筋力トレーニング・バランス運動・柔軟運動など多要素な運動を週 3 日以上 【筋力トレーニング※5 を週 2～3 日】	**座りっぱなしの時間が長くなりすぎないように注意する** （立位困難な人も、じっとしている時間が長くなりすぎないように少しでも身体を動かす）
成人	歩行又はそれと同等以上の （3 メッツ以上の強度の） 身体活動を **1 日 60 分以上** （1 日約 **8,000 歩**以上） （=週 23 メッツ・時以上）	**運動** 息が弾み汗をかく程度以上の （3 メッツ以上の強度の） 運動を **週 60 分以上** （=週 4 メッツ・時以上） 【筋力トレーニングを週 2～3 日】	
こども （※身体を動かす時間が少ないこどもが対象）	（参考） ・中強度以上（3 メッツ以上）の身体活動（主に有酸素性身体活動）を 1 日 60 分以上行う ・高強度の有酸素性身体活動や筋肉・骨を強化する身体活動を週 3 日以上行う ・身体を動かす時間の長短にかかわらず、座りっぱなしの時間を減らす。特に余暇のスクリーンタイム※7 を減らす。		

表9　健康日本21（第三次）身体活動・運動分野に関する目標項目

目標	指標	現状値（令和元年）		目標値（令和14年度）	
日常生活における歩数の増加	1日の歩数の平均値	総数　6,278歩		総数　7,100歩	
		20歳〜64歳 男性 7,864歩	65歳以上 男性 5,396歩	20歳〜64歳 男性 8,000歩	65歳以上 男性 6,000歩
		女性 6,685歩	女性 4,656歩	女性 8,000歩	女性 6,000歩
				（現状値×1.1）	
運動習慣者※の増加 ※1回30分以上の運動を週2回以上実施し、1年以上継続している者	運動習慣者の割合	総数　28.7%		総数　40%	
		20歳〜64歳 男性 23.5%	65歳以上 男性 41.9%	20歳〜64歳 男性 30%	65歳以上 男性 50%
		女性 16.9%	女性 33.9%	女性 30%	女性 50%
				（現状値＋10%）	
運動やスポーツを習慣的に行っていないこどもの減少	1週間の総運動時間（体育授業を除く。）が60分未満の児童の割合	第2次成育医療等基本方針に合わせて設定			
「居心地が良く歩きたくなる」まちなかづくりに取り組む市町村数の増加	滞在快適性等向上区域（まちなかウォーカブル区域）を設定している市町村数	73 （令和4年12月）		100 （令和7年度）	

図16　健康日本21（第三次）の全体像

○　人生100年時代を迎え、社会が多様化する中で、各人の健康課題も多様化しており、「誰一人取り残さない健康づくり」を推進する。また、健康寿命は着実に延伸してきたが、一部の指標が悪化しているなど、さらに生活習慣の改善を含め、個人の行動と健康状態の改善を促す必要がある。このため、「より実効性をもつ取組の推進」に重点を置く。

ビジョン　全ての国民が健やかで心豊かに生活できる持続可能な社会の実現

誰一人取り残さない健康づくり（Inclusion）

集団や個人の特性を踏まえた健康づくり
性差や年齢、ライフコースを加味した取組の推進

健康に関心が薄い者を含む幅広い世代へのアプローチ
自然に健康になれる環境づくりの構築

多様な主体による健康づくり
産官学を含めた様々な担い手の有機的な連携を促進

基本的な方向
ビジョン実現のため、以下の基本的な方向で国民健康づくり運動を進める

健康寿命の延伸と健康格差の縮小

個人の行動と健康状態の改善

社会環境の質の向上

ライフコースアプローチを踏まえた健康づくり

より実効性をもつ取組（Implementation）

目標の設定・評価
エビデンスを踏まえた目標設定、中間評価・最終評価の精緻化

アクションプランの提示
自治体の取組の参考となる具体的な方策を提示

ICTの利活用
ウェアラブル端末やアプリなどテクノロジーを活用

※期間は、令和6〜17年度の12年間の予定。

4

5 生涯スポーツの現状

　他方、スポーツ庁の策定する「スポーツ基本計画」は、2011年制定されたスポーツ基本法の理念を具体化し、スポーツ立国実現のための具体的施策等を規定する。本書内容の「生涯スポーツ」「国民の運動不足」により深く関わり合いがある。

　「スポーツ基本計画」は、5年間の日本のスポーツの重要な指針を示すものであり、第一期が2012〜2016年の5年間、第二期は2017〜2021年、第三期は2022年〜よりなる。「第一期スポーツ基本計画」は、スポーツ庁設立以前で、文科省が策定した。その全体像は（図17）、スポーツの意義や価値が広く共有される「新たなスポーツ文化」の確立とした。年齢や性別、障害等を問わず、広く人々が、関心、適性等に応じてスポーツに参画することができるスポーツ環境の整備である。2015年スポーツ庁が設立され、2017年に第二期スポーツ基本計画が策定された（図18）。そのポイントは、①スポーツの価値を具現化し発信する。スポーツの枠を超えて異分野と積極的に連携・協働する、②数値を含む成果指標を第一期計画に比べ大幅に増加させる、③障害者スポーツの振興やスポーツの成長産業化などスポーツ庁創設後の重点施策を盛り込む、である。施策の内容は、①「する」「みる」「ささえる」スポーツ参画人口の拡大、コラム⑥②スポーツを通じた活力があり絆の強い社会の実現、③国際競技力の向上、④クリーンでフェアなスポーツの推進、である。2022年に策定された第三期スポーツ基本計画の概要は（図19）、①東京オリ・パラ大会のスポーツレガシーの継承・発展に資する重点施策、②スポーツの価値を高めるための第三期計画の新たな「三つの視点」を支える施策、③今後5年間に総合的かつ計画的に取り組む12の施策、である。その概要の詳細は（図20）を参照していただきたい。③で12の施策を見ると、スポーツの現状における課題の羅列であって広すぎる。とても全部の施策を実現することは不可能と思われる。

　第二期、第三期計画を通して、スポーツのうち、「競技スポーツ」の「みるスポーツ」領域では、メディアスポーツ（文化）の著しい発展により、その目標に向け前進しつつあるように思われるが、「生涯スポーツ」で「するスポーツ」の領域は、「国民の感じる運動不足」を改善するスポーツの大衆化の具体策が見えてこない。歩く速度を少し速めることでスポーツになるとの提案では、「国民の運動不足」を解決できない。

　2018年、厚労省及びスポーツ庁は、それぞれ健康の増進、スポーツの振興についての連携を強化するために「スポーツを通じた健康増進のための厚労省とスポーツ庁の連携会議」を設置した（図21）。厚労省の提唱する「スマート・ライフ・プロジェクト」は、「健康寿命を延ばそう！」をスローガンに，国民全体が

人生の最後まで元気に健康で楽しく毎日が送れることを目標とした国民運動であるとする。スポーツ庁の提唱する「FUN+WALK　PROJECT」は、[ ]歩くことをもっと楽しく、楽しいことをもっと健康的なものにする官民連携プロジェクトで、「歩く」を入り口に、国民の健康増進を目指すとする（図22）。FUN は、具体的に、グルメ、音楽、ファッション、美容、ショッピング、旅行、アートであるという。すなわち、その内容は、日常生活、芸術、趣味、娯楽であり、直接スポーツと関わり合わない。WALK の 90% は WHO の示す生活活動のうち移動が主となる。たとえ余暇に行っても、FUN が目的であれば、WALK は移動に過ぎず、"歩くことをもっと楽しく" とはならない。スポーツ庁は、なぜ、スポーツを中心の提案ができないのか。

　1 章の終わりに㋐のデータ[8]で「現在運動・スポーツはしていない」と答えたスポーツの無関心層の 20.5% が、中学校の体育嫌いの比率 16.3%[82] に近似しているという興味深い結果を示しておきたい。

　すなわち、中学生の体育嫌いは、「生涯スポーツ」の無関心層につながっていると思われるのである。体育の目的と真逆の関係にあり、真剣に検討し、対策を講じなければならない。「無関心層」の方々も、一般の方と同じく生活活動では身体活動量の基準を満たしているはずである。したがって、運動不足の問題ではない。人生を豊かにするスポーツ・運動への参加できていないことの問題である。「体育嫌い」については 4 章 2 節をご参照いただきたい。

**コラム⑥**

生涯スポーツ社会づくりの基本理念—生涯スポーツとは

　本計画では一人ひとりのライフスタイルや年齢、性別、体力・運動能力、健康状態、興味等に応じて「誰もが生涯を通じて、いつでも、どこでも、いつまでも気軽に親しみ、楽しむスポーツ」ととらえ、その中身を、競技スポーツを始め、ウォーキングやジョギング、レクリエーション等の軽い運動を含めた幅広い分野の活動を「するスポーツ」と「みるスポーツ」そして「ささえるスポーツ」の三つに分類し、その振興を図るとする。

〈するスポーツ〉

　主に健康保持増進や心身のリフレシュ、運動不足の解消や運動不足から来る種々の疾病予防等の観点から行われる「日常生活型スポーツ」。サッカー等の勝敗を競い、争う「競技スポーツ」、就学期に行われる「学校体育・スポーツ」までを「するスポーツ」として分類する。

〈みるスポーツ〉

　「するスポーツ」を応援するといった身近なものから、競技スポーツやレジャースポーツを実際に競技施設や、テレビ、ラジオなどのメディアを通じて、「見る・聞く」ことにより、そのスポーツへともに参加し、楽しむことを「みるスポーツ」として分類する。

〈ささえるスポーツ〉

　身近な競技的なスポーツイベントの企画・運営に携わったり、ボランティアとしてともに参加し、スポーツに関わる楽しみ・喜びを分かち合う人もいる。「するスポーツ」「みるスポーツ」を支えることで、自らスポーツに参加し、楽しむことを「ささえるスポーツ」として分類する。

図 17　スポーツ基本計画の全体像

〈〈我が国の社会の変化〉〉　　　　　　　　　〈〈今後目指すべき社会像〉〉

少子高齢化・情報化の進展、地域社会の
空洞化、人間関係の希薄化、大震災後の
復興等の新たな課題の発生

次代を担う青少年が他者との協働と規律を学びつつ育成
され、地域に深い絆が存在し、健康な長寿を享受できる社
会。国際的にも尊敬される国（持続的発展が可能な社会）

〈スポーツ基本法の制定〉

○スポーツ振興基本計画の課題
・子どもの体力の上昇
・生涯スポーツ機会の向上
・国際競技力の向上

○新たな課題の発生
・ガバナンス向上、ドーピング対策等
　公平・公正性、透明性向上の要請
・プロスポーツ、障害者スポーツの発展
・国際化の進展　　　等

○スポーツ基本法の制定
・「スポーツ権」の確立
・スポーツの多面的な役割（青少年の
　健全育成、地域社会の再生、社会・
　経済の活力創造、国際的地位向上）
　の明確化　　　等

〈スポーツを通じて目指す社会の姿〉

スポーツを通じてすべての人々が幸福で
豊かな生活を営むことができる社会

○青少年が健全に育ち、他者との協同や公正さと
　規律を重んじる社会

○地域の人々の主体的な協働により深い絆で
　結ばれた一体感や活力がある地域社会

○健康で活力に満ちた長寿社会

○国民が自国に誇りを持ち、経済的に発展し、
　活力ある社会

○国際的に信頼され、尊敬される国

スポーツの意義や価値が広く共有
＝「新たなスポーツ文化」の確立

〈計画の策定〉

○今後10年間の基本方針と現状と課題を 踏まえた5年間の計画

年齢や性別、障害等を問わず、広く人々が、関心、適性等に応じてスポーツに参画
することができるスポーツ環境を整備

⑤国際交流・貢献の推進

④国際競技力の向上

⑦好循環の創出

①子どものスポーツ機会の充実　②ライフステージに応じた
　　　　　　　　　　　　　　　　スポーツ活動の推進

③住民が主体的に参画する地域のスポーツ環境の整備

⑥スポーツ界の透明性、公平・公正性の向上

＜計画の推進＞

○国民の理解と参加によるスポーツの推進　○関係者の連携・協働による計画的・一体的推進
○スポーツの推進に係る財源確保と効率的な活用　○計画の進捗状況の検証と見直し

図18　第2期スポーツ基本計画のポイント

図19　第3期スポーツ基本計画（概要）

［第2期計画期間中の総括］

① **新型コロナウイルス感染症**：
➤ 感染拡大により、スポーツ活動が制限

② **東京オリンピック・パラリンピック競技大会**：
➤ 1年延期後、原則無観客の中で開催

③ **その他社会状況の変化**：
➤ 人口減少・高齢化の進行
➤ 地域間格差の広がり
➤ ＤＸなど急速な技術革新
➤ ライフスタイルの変化
➤ 持続可能な社会や共生社会への移行

こうした出来事等を通じて、改めて確認された
・「楽しさ」「喜び」「自発性」に基づき行われる本質的な『**スポーツそのものが有する価値**』（Well-being）
・スポーツを通じた地域活性化、健康増進および健康長寿社会の実現、経済発展、国際理解の促進など『**スポーツが社会活性化等に寄与する価値**』
を更に高めるべく、第3期計画では次に掲げる施策を展開

1. 東京オリ・パラ大会の**スポーツ・レガシーの継承・発展に資する重点施策**

持続可能な国際競技力の向上
○ 東京大会の成果を一過性のものとせず、持続可能な国際競技力を向上させるため、
・NFの強化戦略プランの実効化を支援
・アスリート育成パスウェイを構築
・スポーツ医・科学、情報等による支援を充実
・地域の競技力向上を支える体制を構築

共生社会の実現や多様な主体によるスポーツ参画の促進
○ 東京大会による共生社会への理解・関心の高まりと、スポーツの機運向上を契機としたスポーツ参画を促進
○ オリパラ教育の知見を活かしたアスリートとの交流活動等を推進

スポーツを通じた国際交流・協力
○ 東京大会に向けて、世界中の人々にスポーツの価値を届けたスポーツ・フォー・トゥモロー（SFT）事業で培われた官民ネットワークを活用し、更なる国際協力を展開、スポーツSDGsにも貢献（ドーピング防止活動に係る人材・ネットワークの活用等）

大規模大会の運営ノウハウの継承
○ 新型コロナウイルス感染症の影響下という困難な状況の下で、東京大会を実施したノウハウを、スポーツにおけるホスピタリティの向上に向けた取組も含め今後の大規模な国際競技大会の開催運営に継承・活用

地方創生・まちづくり
○ 東京大会による地域住民等のスポーツへの関心の高まりを地方創生・まちづくりの取組に活かし、将来にわたって継続・定着
○ 国立競技場等スポーツ施設における地域のまちづくりと調和した取組を推進

スポーツに関わる者の心身の安全・安心確保
○ 東京大会でも課題となったアスリート等の心身の安全・安心を脅かす事態に対応するため、
・誹謗中傷や性的ハラスメントの防止
・熱中症対策の徹底などを安全・安心の確保
・暴力根絶に向けた相談窓口の一層の周知・活用

2. スポーツの価値を高めるための第3期計画の新たな「**3つの視点**」を支える施策

スポーツを「つくる/はぐくむ」

社会の変化や状況に応じて、既存の仕組みにとらわれずに柔軟に見直し、最適な手法・ルールを考えて作り出す。

◆ 柔軟・適切な手法や仕組みの導入等を通じた、多様な主体が参加できるスポーツの機会創出
◆ スポーツに取り組む者の自主性・自律性を促す指導ができる質の高いスポーツ指導者の育成
◆ デジタル技術を活用した新たなスポーツ機会や、新たなビジネスモデルの創出などDXを推進

スポーツで「あつまり、ともに、つながる」

様々な立場・背景・特性を有した人・組織があつまり、ともに課題に対応し、つながりを感じてスポーツを行う。

◆ 施設・設備整備、プログラム提供、啓発活動により誰もが一緒にスポーツの価値を享受できる、スポーツを通じた共生社会の実現
◆ スポーツ団体のガバナンス・経営力強化、関係団体等の連携・協力による我が国のスポーツ体制の強化
◆ スポーツ分野の国際協力や魅力の発信

スポーツに「誰もがアクセスできる」

性別や年齢、障害、経済・地域事情の違い等によって、スポーツの取組に差が生じない社会を実現し、機会を醸成。

◆ 住民誰もが気軽にスポーツに親しめる「場づくり」等の機会の提供
◆ 居住地域にかかわらず、全国のアスリートがスポーツ医・科学等の支援を受けられるよう地域機関の連携強化
◆ 本人が望まない理由でスポーツを途中で諦めることがない継続的なアクセスの確保

図 20　今後 5 年間に総合的かつ計画的に取り組む 12 の施策

① 多様な主体におけるスポーツの機会創出
地域や学校における子供・若者のスポーツ機会の充実と体力向上、体育の授業の充実、運動部活動改革の推進、女性・障害者・働く世代・子育て世代のスポーツ実施率の向上

② スポーツ界におけるDXの推進
先進技術を活用したスポーツ実施のあり方の拡大、デジタル技術を活用した新たなビジネスモデルの創出　等

③ 国際競技力の向上
中長期的な強化戦略に基づく競技力向上支援システムの確立、地域における競技力向上を支える体制の構築、国・JSPO・地方公共団体が一体となった国民体育大会の開催　等

④ スポーツの国際交流・協力
国際スポーツ界への意思決定への参画支援、スポーツ産業の国際展開を促進するプラットフォームの検討　等

⑤ スポーツによる健康増進
健康増進に資するスポーツに関する研究の充実・調査研究成果の利用促進、医療・介護や企業・保険者との連携強化　等

⑥ スポーツの成長産業化
スタジアム・アリーナ整備の着実な推進、他産業とのオープンイノベーションによる新ビジネスモデルの創出支援　等

⑦ スポーツによる地方創生、まちづくり
武道やアウトドアスポーツ等のスポーツツーリズムの更なる推進など、スポーツによる地方創生、まちづくりの創出の全国での加速化　等

⑧ スポーツを通じた共生社会の実現
障害者や女性のスポーツの実施環境の整備、国内外のスポーツ団体の女性役員候補者の登用・育成の支援、意識啓発・情報発信　等

⑨ スポーツ団体のガバナンス改革・経営力強化
ガバナンス・コンプライアンスに関する研修等の実施、スポーツ団体の戦略的経営を行う人材の雇用創出を支援　等

⑩ スポーツ推進のためのハード、ソフト、人材
民間・大学も含めた地域スポーツ施設の有効活用の促進、地域スポーツコミッションなど地域連携組織の活用、全NFでの人材育成及び活用に関する計画策定を促進、女性のスポーツ指導に精通した指導者養成支援　等

⑪ スポーツを実施する者の安全・安心の確保
暴力や不適切な指導等の根絶に向けた指導者養成・研修の実施、スポーツ安全に係る情報発信・安全対策の促進　等

⑫ スポーツ・インテグリティの確保
スポーツ団体へのガバナンスコードの普及促進、スポーツ仲裁・調停制度の理解増進等の推進、教育研修や研究活動等を通じたドーピング防止活動の展開　等

『感動していただけるスポーツ界』の実現に向けた目標設定

全ての人が自発的にスポーツに取り組むことで自己実現を図り、スポーツの力で、前向きで活力ある社会と、絆の強い社会を目指す

🔍 国民のスポーツ実施率を向上
✓ 成人の**週1回以上のスポーツ実施率**を**70%**（障害者は**40%**）
✓ **1年に一度以上スポーツを実施**する成人の割合を**100%**に近づける（障害者は**70%を目指す**）

🔍 生涯にわたって運動・スポーツを継続したい子供の増加
（児童86%⇒**90%**、生徒82%⇒**90%**）
子供の体力の向上
✓ （新体力テストの総合評価C以上の児童68%⇒**80%**、生徒75%⇒**85%**）

🔍 誰もがスポーツに参画でき、共に活動できる社会を実現
✓ **体育授業への参加を希望する障害のある児童生徒の見学ゼロ**を目指した学習プログラム開発
✓ **スポーツ団体の女性理事の役割を40%**

🔍 オリンピック・パラリンピック等の国際競技大会で、過去最高水準の金メダル数、総メダル数、入賞者数、メダル獲得競技数等の実現

🔍 スポーツを通じて活力ある社会を実現
✓ **スポーツ市場規模15兆円**の達成（2025年まで）
✓ **スポーツ・健康まちづくり**に取り組む**地方公共団体の割合15.6%⇒40%**

🔍 スポーツを通じて世界とつながる
✓ **ポストSFT事業**を通じて世界中の国々の**700万人**の人々への裨益を目標に事業を推進
✓ **国際競技連盟（IF）等役員数37人規模**の維持・拡大

図 21　「スマート・ライフ・プロジェクト」と「FUN + WALKP ROJECT の連携について

● 「スマート・ライフ・プロジェクト」は、「健康寿命をのばそう！」をスローガンに、国民全体が人生の最後まで元気に健康で楽しく毎日が送れることを目標とした国民運動。**【厚生労働省】**

● 「FUN+WALK　PROJECT」は、歩くことをもっと楽しく、楽しいことをもっと健康的なものにする官民連携プロジェクト。「歩く」を入口に、国民の健康増進を目指す。**【スポーツ庁】**

健康寿命の延伸
平均寿命を限りなく健康寿命に近づける　健康長寿社会の実現

6　第1章の終わり—小括

　この章で強調したいのは、約80％の国民が感じている運動不足とは"スポーツ不足"であって、生活活動とは別次元だということである。

　生活活動を抱き込んだ"まやかしの"スポーツ実施率上昇をもって「スポーツ不足」の解消につなげようとする謀略は理不尽と言わざるを得ない。

　我が国の「競技スポーツ」は、国際競技の成績、メダルの数にこだわる。スポーツの高度化、プロ化の進行、コマーシャリズムの浸透は「メディアスポーツ文化」の隆盛につながる。国民は、もっぱら見て楽しむように扇動される。

　しかし、スポーツのレベルを高め発展させるためには、ファンの数ではない。そのスポーツの大衆化が必要不可欠なはずである。

　「競技スポーツ」に対する「生涯スポーツ」について、スポーツ庁は「生涯を通じて、いつでも、どこでも、誰でも親しむことのできるスポーツ」としている。そのようなスポーツはウォーキングしかあり得ない。ウォーキング以外の種目は該当し得ないのである。しかも、ウォーキングの90％以上は生活活動（仕事＋移動）に含まれるのであるから、そこにスポーツ本来の"楽しむ"はない。すなわち、ウォーキングをもって「スポーツ不足」は解消し得ないことが理解できていない。「生涯スポーツ」を生涯通じて、いつでも、どこでも、誰でもと限る必要はない。

　第1章1節に記載したように㋪の調査でさえ、生涯スポーツの種目は120という数であった。「生涯スポーツ」で、最も大事なことは、種目によらず、自発的に始めたスポーツを如何に長く続けられるかに掛かっていることが本当に理解されているのか疑わしい。国はそのために支援することが求められているのである。

　「平均寿命の延伸や余暇時間の増大、所得水準の向上や生活意識の多様化からスポーツの大衆化が進み、老若男女誰でもスポーツに楽しみを求め、健康づくりや社交の場としてスポーツを行うことが広く普及され実践されている」と長寿科学振興財団は述べている[2]が、それは理想であって、広く普及、実践されていないから、現在、なお約80％の国民が運動不足と感じていることを理解できていない。

　約80％の国民の運動不足の解決には「スポーツをする時間をつくる」「生活にゆとりを持たせる」国策が必須であることは再三指摘した。その国策を鋭意進めず、運動不足の人たちはウォーキングの歩数を増やせばよい。"楽しみ"たければ、スポーツを「みる」ことがスポーツに参加することだから「みて」"楽しめ"となる。必須の国策を実施するつもりはないと見る。スポーツをする余力のない人々は歩けと言い、運動強度メッツを少し上げるだけもスポーツになるとする冷たい国である。スポーツを「みる」は、「する」の代用にはならない。スポーツ

は、自発的に「する」ことにしか価値はないことも理解できていない。

　我が国の「生涯スポーツ」からスポーツ本来の"楽しさ"は消え、世界共通の Sports for All、あるいは、Sports for Everyone とは遠くなってしまった。真のスポーツ立国とは縁遠いことにならないか。スポーツ文化は、未来にかけて根付かないことになるのではないかと危惧する。

第2章　スポーツとは？

1　スポーツとは [28)31)32)33)]

　身体を動かすことを「スポーツする」との表現があるという。また、身体競技のことをスポーツとも言う。スポーツの定義の種類は、学者の数ほどあるとも言われる。

　社会において、スポーツが与えたスポーツマンシップとフェアプレイという精神が文化を支える基盤となり、「近代スポーツ」が世界中に拡がった。スポーツは競技性を持った身体文化とも言え、そこにはさまざまな価値観がある。健康増進や団結力、経済効果、スポーツによる身体と人格の形成などの教育的機能という価値、社交性や連帯意識などの社会的価値、また、スポーツの体験そのものに価値があり、それは自分の能力を高めることや楽しさを優先するという考えである。

　しかし、19世紀後半から20世紀にかけてスポーツのプロ化と商業化が始まり、勝利至上主義が強調され、これを境にスポーツマンシップとフェアプレイが揺らぎ、アマチュアリズムが崩壊した。

　八百長問題やドーピング問題が起こる時代には、スポーツという文化はフェアネス（公平さ）を中核として生きることの重要性を訴えるべきとされる。

　生涯スポーツが国際社会で強調されるようになったきっかけは、1960年代にヨーロッパで高まったスポーツの大衆化運動、**スポーツ・フォア・オール運動**である。その結果、1964年東京オリンピックの際に国際スポーツ体育協議会（現在の国際スポーツ科学・体育協議会：International Council of Sport Science and Physical Education）[43)] は、「プレイの性格を持ち、自己または他人との競争、あるいは自然の障害との対決を含む運動はすべてスポーツである」と定義した。その後、4年間の討議を経て、1968年メキシコオリンピック・スポーツ会議において「**スポーツ宣言**」が採択され、ここではスポーツを「遊戯の性格を持ち、自己または他人との競争、あるいは自然の障害の対決を含む運動」と定義した。続けて「フェアプレイのないところには、真のスポーツは存在しない」と述べフェアプレイの重要性を特に強調している。

　1975年、スポーツのヨーロッパ会議における「みんなのスポーツ憲章」の採択勧告が行われ、続く1976年には、ユネスコの第一回青少年体育・スポーツ担

当会議において、すべての人々に対してスポーツの機会を提供することの必要性が強調された。それにより「生涯スポーツ」[34] の権利に注目が集まるようになった。

ベルナール・ジレは著書『スポーツの歴史』[29] (1952) に、「一つの運動をスポーツと認めるために、遊戯、闘争、および激しい肉体活動を要求する」としている。阿部 [30] は、ジレの指摘を「スポーツの3要素」と呼び、その研究の基本姿勢に置いた。本書では、とりあえず、「日本スポーツ協会 スポーツ憲章 第1条」に述べられているスポーツの意義と価値の条文を掲げる。「スポーツは、人々が楽しみ、よりよく生きるために、自ら行う自由な身体活動である。さわやかな環境の中で行われるスポーツは、豊かな生活と文化の向上に役立つものとなろう。スポーツをする人は、美しいスポーツマンシップが生まれることを求め、健康な身体を育むことを目的とする」[35]。これは、1986年アマチュアスポーツについて定めたものであるが、スポーツについての一般論に通ずると思われる。

福岡ら [42] は、「我が国のスポーツ政策の目下の急務は、人間性を重視し、質の高い文化として、一人ひとりの生命の甦りや喜びのためにスポーツ活動が行われるようにすることである。スポーツの豊かさは、贅沢ではない。ゆとりある生活文化の風景としてのスポーツ活動が創出されねばならない」としている。

「生涯スポーツ」は「するスポーツ」であり、「競技スポーツ」の観衆は「みるスポーツ」となる。第二期スポーツ基本計画法で、観衆は、見ることでスポーツに参加することになるとしているが、見ることは娯楽であって「面白い」に近く、スポーツ本来の基盤である「スポーツをして楽しむ」とは異質であり、かけ離れている。さらに、「みるスポーツ」、「ささえるスポーツ」にはスポーツの3要素が含まれていない。

ファンなくして（競技）スポーツの発展なしとも言われるが、「する」「みる」「ささえる」はそれぞれ別次元のものである。例えば、東京オリンピックのアスリート1万人強と、直接またはマスメディアを通しての観戦者33億人は同じ次元にない。

福岡ら [42] は、我が国では、企業や組織がスポーツ＆ヘルス・フォア・オール [48] をないがしろにして、プロスポーツばかりを意図的に盛んにし、国民を愚かな観客に仕立て上げてしまっており、青少年の活動までが興行スポーツとなり、メディアに利用され、特定の者の利益に貢献している様子は、我が国のおかしな状況を現している、と指摘している。近年の話題（コラム⑦）もその一つであろう。スポーツ界は、スポンサー集めを広告業界に依存するというスポーツビジネスとの歪んだ関係があると指摘されている。国はこの状況を是正する気はないのか。「みる」「ささえる」を同じスポーツに参加しているとしているが、「みる」「ささえる」は「する」の代用にはならない。国は、スポーツ立国（コラム⑧）

コラム⑦

五輪汚職

　2021年、コロナ禍の中で開催された2度目の東京五輪・パラリンピックでも選手らの奮闘は多くの新たな感動を生んだ。その後、1年を経て、組織委員会を含めた「五輪汚職」の広がりはとどまることを知らず、「汚れた五輪」「負の遺産」といった評価がまかり通っている。「怒りを向けるべきは、五輪の価値を毀損し、不正に関与したすべての関係者であり、そうした構図の蔓延を許してきたスポーツ界の無責任、無能ぶりである」。五輪は大いに傷ついた。汚名返上に先頭を切るべきは日本オリンピック委員会を始めとするスポーツ界である。

　自らの聖域を不正の温床とされた憤りや深い反省の弁が聞かれないのは情けなくはないか。「スポーツの日」を期して、再生への覚悟を胸に刻んでほしい。

　この件は、スポンサー集めを広告業界に依存してきたスポーツ界の「ゆがみ」を浮き彫りにした。国内のスポンサー収入は五輪史上最高の3,761億円だという。

（『産経新聞』主張 2022.10.10）

強化のため、アスリートと共闘しようと称して、国民の「する」スポーツよりはるかに熱心に「みる」スポーツに力を入れているように見える。しかし、スポーツをより高く発展させる必要不可欠な条件は、ファンの数ではない。スポーツの大衆化がいかに広がるかにあることが本当に理解されているか疑わしい。

　スポーツの目的について、為末[38]は、日本のスポーツ選手個人の目標は、昔は自己表現であり、スポーツをすることで自分の才能を開花させることが目的であったとする。欧米ではスポーツは娯楽の要素がかなり強くて、何かを発散するということに近いが、日本の場合は、教育の一環に近くて、何かを学ぶ領域に近い。これがいわゆるアマチュアスポーツと呼ばれる世界であるという。

　スポーツにおいて選手が戦っている姿が面白いということで、徐々にメディアが入ってくるようになって、スポーツが見る人の娯楽になり、プロスポーツと呼ばれる世界ができた。日本のメディアスポーツの源流[39]はコラム⑨にまとめた。プロ選手の目的は、見る人を楽しませて、それによって自分が何等かの対価を得ることになっていった。

　日本のスポーツは、どの段階でも必ず目的が存在したのが特徴的で、例えば、部活をするにしても、スポーツを通じた人格形成という目的であった。しかし、アマチュアスポーツの世界では、それをやることにあまり意味はなく、ただ楽し

コラム⑧

スポーツ立国　基本的な考え方[114]

　スポーツ立国と言うと、第二次世界大戦開戦直近の我が国の状態、1936年ベルリンオリンピック大会のナチスドイツ、ドーピングを重ねるロシア、スポーツ大国を目指す中国のことが頭に浮んでくるのはやむを得ない。二度とその轍は踏まないという覚悟は当然である。スポーツ立国は簡単には成り立たない。文科省は2010年、「スポーツ立国戦略の目指す姿」を実現するために、**【1】人（する人、みる人、ささえる（育てる）人）の重視、【2】連携・共同の推進の基本的な考え方**のもと、重視すべき以下の五つを重点戦略としてあげた。①ライフステージに応じたスポーツ機会の創造、②世界で競い合うトップアスリートの育成・強化、③スポーツ界の連携・協働による「好循環」の創出、④スポーツ界における透明性や公平・公正性の向上、⑤社会全般でスポーツを支える基盤の整備。

　スポーツを支える観客は、烏合の衆ではなく、スポーツの内容を理解できる人たちの集まりでなければならない。ファンが支援できるまでに育つには相当の時間がかかる。マスメディアに先導されて集まる観衆は本当のファンではない。数年前、ラグビーの日本での世界大会で急上昇した動員数はその後、急激に減少した。トップアスリートに、日本にはスポーツ文化が根付かないと嘆かせた。さらに、共闘と称してアスリートにプレッシャーをかけるべきでない。アスリートにいかに実力を発揮させ得るかが課題であるである。応援で「頑張れ」は、一番不適切な言葉と言われる[127]。

（『産経新聞』産経抄 2021.8.1）

いからやっているとしている[43]。

　幸野[40]は、なぜ日本人はスポーツを楽しめないのかという疑問を呈し、海外と比べた「異質さ」の原因について述べている。

　「スポーツ」の語源はラテン語の「deportare」にさかのぼるとされる。この語は「憂いを去る、（仕事や義務でない）気晴らしをする、楽しむ」の意味があると考えられ「非日常」である。つまり、海外ではスポーツは「楽しいからやる」というシンプルなものであり、それゆえに、楽しいから継続でき、その結果上手くなる。すると高いレベルに行って楽しめる。さらに上手くなる、となる。また海外では「平等」が組み込まれた社交の場という文化も存在する。

　一方、日本においては、多くの海外の国と違って、スポーツを学校教育に入れた。1915年、甲子園野球大会が開始され、優勝した学校が称賛され、ここから勝利至上主義が始まった。目の前の敵に勝つことが最重要なので、とにかく精神

コラム ⑨

日本におけるメディアスポーツの源流 [39]

　これにはいくつかの源流がある。一つには、相撲への新聞の関与による相撲の近代的発展。もう一つは学校教育で展開された「長距離徒歩競争」の報道と、その後、新聞社がそれを発展させ大会を主催していったもの。さらに三つ目として、野球の報道と、その後の新聞社による大会やスポーツ団体の組織化がある。

　明治中期の中・高等教育に「長距離競争」が行われていた。それらを、言わばエリートたちの「競争的遊戯」に対する好奇心と報道ネタとしての関心から新聞社が取り上げた。これは、スポーツを実践するエリートと、スポーツを見たり読んだりする庶民という二極化構造を生み出し、その様相は、「スペクテイタースポーツの誕生」と言えるものである。

　明治末期、あるいは、20世紀初頭という時期は、学校スポーツ、メディア（新聞）、鉄道という３者が協力、連携することで、次第にその親和性に気付き、新たなスポーツ文化としてのスポーツイベントを発展させていった時期だったと言える。

修養、一意専心となる。さらに、学校の先生がそのまま部活を指導するため、教える側・教わる側の立場が明確な上下関係となった。

　海外では、我慢を優先する日本の部活と異なり、学校外のスポーツクラブが主流で、平等であり、上下関係ができにくい。生涯スポーツにも出会いやすい。何よりも「楽しむ」ということが継続につながっていると強調する。ここが日本にスポーツ文化が根付いていない本質と受け取れる。

　2014年に「スポーツは本当に『楽しむもの』になっているのか？」[41] というテーマで、サッカーコーチの越智・水木ワークショップが開催された。その中で、越智はよく言われる「スポーツを通して社会性を育む」について、「スポーツは人間教育の手段」という概念を取っ払い、「気晴らしをする、遊ぶ、楽しむ」といった語源に基づいたスポーツに集中できるように大人が配慮するべきであるとし、水木は、子供たちの日常に自主性を持たせるようにすると、受動的なサッカーから、自分たちで考えるプレーの能動姿勢が増えてきて、結果が出るようになると言う。これらは２人の「常識や現状を疑う力」から生まれた指摘である。

　ここで、スポーツを楽しむために大切な六つのことの提案がある。スポーツを長く続けるため「楽しさ」（＝一時的な感情）より、「熱意」（＝長く続く想い）が大事である。

　六つのうち三つの「自分でコントロールしにくいこと」は以下の通り。

① 周りからよく思われている

② 仲のよいチームメイトがいる

③ 両親からのサポートがある

残り三つの「自分でコントロールしやすいこと」は以下の通り。

① 上手くなっているという感覚を持っている

② 競争を楽しんでいる

③ 自分の体力を出し切っている

スポーツを楽しむためには、自分でコントロールしにくいことの方がしやすいことより重要であるという。

2　本邦のスポーツの歴史 [36)37)]

序章でスポーツの歴史について述べたが、ここでもう一度触れてみたい。

日本での最古の競技は、弓術と狩りであろうと考えられている。蹴鞠は飛鳥時代にはすでに行われていたことが知られている。相撲は飛鳥時代かそれ以前から行われていたと考えられる。相撲は競技だけではなく宗教的な儀式であり、神道とも密接に関連していた。

武士道についてはコラム②にまとめてある。

格闘技の多くは、鎌倉時代が出発点となっている。弓道は弓矢の技術を競う競技であり、弓術として一般に広まって侍の娯楽となっていた。流鏑馬も鎌倉時代に競技として始まったが、現代では、宗教儀式となっている。明治維新以前、柔術のような格闘技は一般的であったが、他流派との試合は行われず、もっぱら同じ流派での試合のみが行われていた。

明治維新後に西洋の教義が日本に移入されるまで「スポーツ」の概念はなかった。その後、富国強兵、殖産興業を目指した軍事訓練として兵式体操が移入され、学校教育に取り入れられた。他方、開国に伴い移入された「遊び」という要素のあるスポーツ（コラム① 3 頁）は公には肯定されず、大学を中心に普及した。

大正に入り「スポーツ」の用語が使われるようになったが、外来種目の野球、蹴球、籠球、卓球、排球等に限られていた。1924（大正 13）年からは明治神宮競技大会が開催され 1943（昭和 18）年まで続いた。昭和に入ると国際的視野を持つようになり始めたが、第二次世界大戦をはさみスポーツも戦争に利用されるなど、スポーツが歪められた時期である。1948 年には全国国民体育大会が開催され、また日本の復興にスポーツも一役買い、明るい話題を提供した。

1964 年オリンピック東京大会開催

1972 年冬季オリンピック札幌大会開催

昭和の後期になると日本国内でも一流の国際試合が次々開催されるようになっ

た。
　　1998 年 FIFA ワールドカップ初出場
　　1998 年冬季オリンピック長野大会開催
　　2004 年オリンピックアテネ大会メダルラッシュ
　　2010 年スポーツ立国戦略 [114] 発表（コラム⑦）
　　2015 年スポーツ庁開設
　　2021 年オリンピック・パラリンピック東京大会開催

3　本邦の体育・スポーツ行政機構の変遷 [44)45)47)]

　「スポーツ」に係る用語、内容は、時代や社会とともに変化しつつ今日に至っている。それを理解するためには、先ず本邦の体育・スポーツ行政機構の変遷を知っておく必要がある（図 22、23）。

　学制の定められた 1872 年頃、国家の喫緊の課題は西洋式軍備強化であり、「富国強兵」の標語の下、兵力（体力の強化）の増強が必要とされた。そのため、当時移入された「スポーツ」は、体育となり、身体を鍛えることが主となった。「スポーツ」の基幹である楽しむ（遊ぶ）の要素は切り捨てられたのである。

　行政機構の中にあったのは、当初（1878（明治 11）年）のものから順に体操伝習所、学校衛生課、体育研究所、体育課、学徒動員局の名称であり、第二次世界大戦後も体育局、初等中等体育局、社会教育局、体育課運動競技課、学校健康課の名称であった。

　スポーツ課の名称が初めて現れたのは、1962 年である。さらに、このスポーツ課を 1988 年に「生涯スポーツ」と「競技スポーツ」に分けて、それぞれの分野の行政を独立の課で体系的に行うようにした。この時から本邦で「生涯スポーツ」の用語が使われるようになった。

　福岡ら [42)] は明治初期に日本独特のレジャーと体育の二重構造が誕生したと指摘する。さらに、軍国主義の時代、体育の概念は軍事教練によりさらに強められた。現代でも、体育的な全体主義、体錬主義は依然として横行し、スポーツは身体を鍛えるための手段としての体育であるという考え方が根強いと述べている。

　スポーツ庁（英：Japan Sports Agency）は日本の行政機関の一つで、スポーツ振興その他、スポーツに関する施策の総合的な推進を図ることを目的として 2015 年 10 月 1 日に設置された文部省の外局である。文部科学省や厚生労働省など複数の省庁にまたがるスポーツ行政の関係機構を一本化するもので、文部科学省のスポーツ・青少年局を母体に設置された。

　スポーツ基本法附則第 2 条では「政府は、スポーツに関する施策を総合的に推進するため、スポーツ庁及びスポーツに関する審議会等の設置等行政組織の在り

図22　体育・スポーツに係る事務を所管する行政機構の変遷

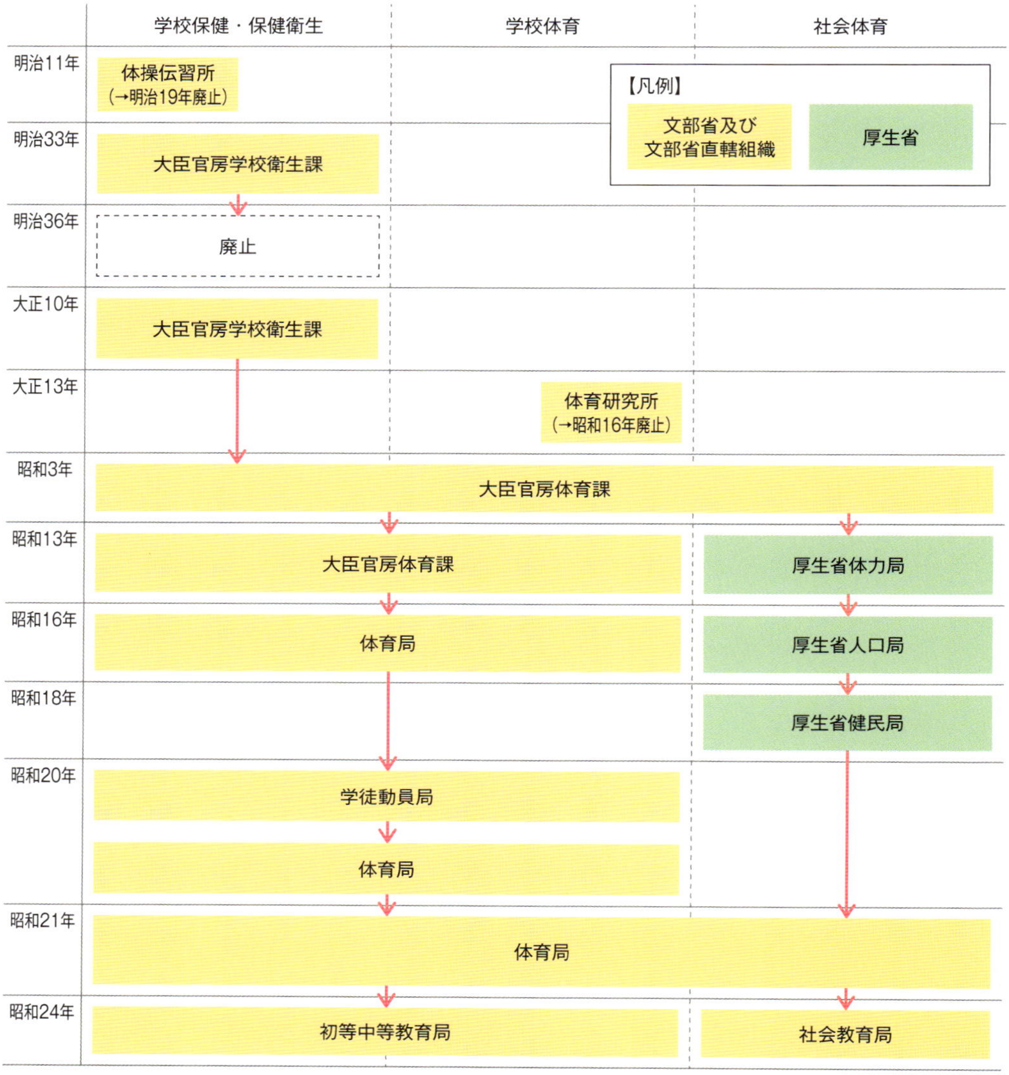

	学校保健・保健衛生	学校体育	社会体育
明治11年	体操伝習所 （→明治19年廃止）		【凡例】　文部省及び文部省直轄組織　厚生省
明治33年	大臣官房学校衛生課		
明治36年	廃止		
大正10年	大臣官房学校衛生課		
大正13年		体育研究所 （→昭和16年廃止）	
昭和3年	大臣官房体育課		
昭和13年	大臣官房体育課		厚生省体力局
昭和16年	体育局		厚生省人口局
昭和18年			厚生省健民局
昭和20年	学徒動員局		
	体育局		
昭和21年	体育局		
昭和24年	初等中等教育局		社会教育局

新日本有限責任監査法人作成

　方について、政府の行政改革の基本方針との整合性に配慮して検討を加え、その結果に基づいて必要な措置を講ずるものとする」としている。
　その組織図（図24）は、これまでの事務処理機構より機能的ととれる。

4　日本スポーツ協会

　公益財団法人日本スポーツ協会（Japan Sport Association：JSPO）は、

図 23　体育局及びスポーツ・青少年局の変遷 [10]

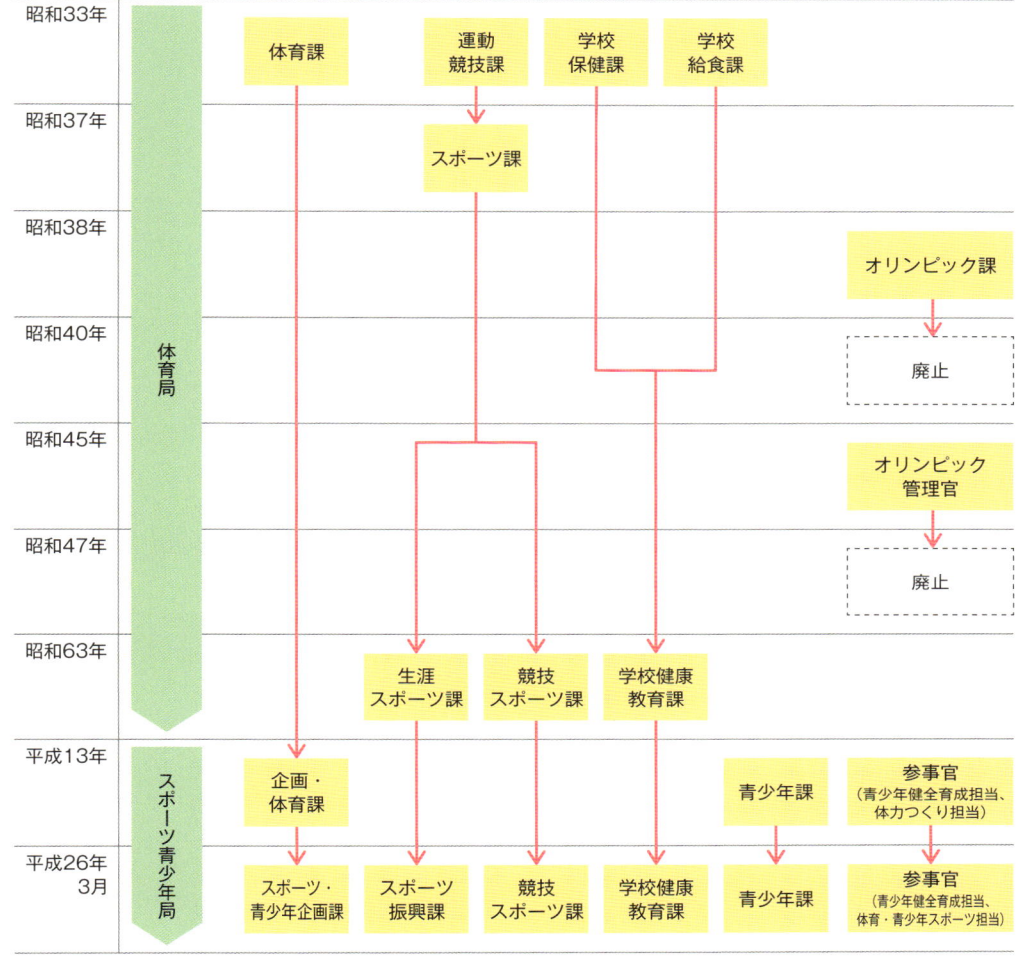

新日本有限責任監査法人作成

　日本の中央競技団体および各都道府県の体育協会を統括する。1911（明治 44）年の発足当時の名称は「大日本体育協会」であったが、1942（昭和 17）年の戦時下、政府の外郭団体「大日本体育会」に改組された。1946 年に民間団体に戻り、1948 年「日本体育協会」に改称となる。1960 年に英語表記を Japan Amateur Sports Association（JASA）に変更した。

　1989（平成元）年、日本オリンピック委員会が協会から独立。2005 年に英語表記を Japan Sports Association（JASA）とした。略称には「体協」が使われることが多かった。2011 年公益財団法人に移行。2018 年「日本スポーツ協会」と改称し、英語表記を Japan Sport Association（JSPO）に変更した。

　日本体育協会は 1980 年代までプロ選手の存在を認めていなかった（アマチ

図24　スポーツ庁の組織図[46]

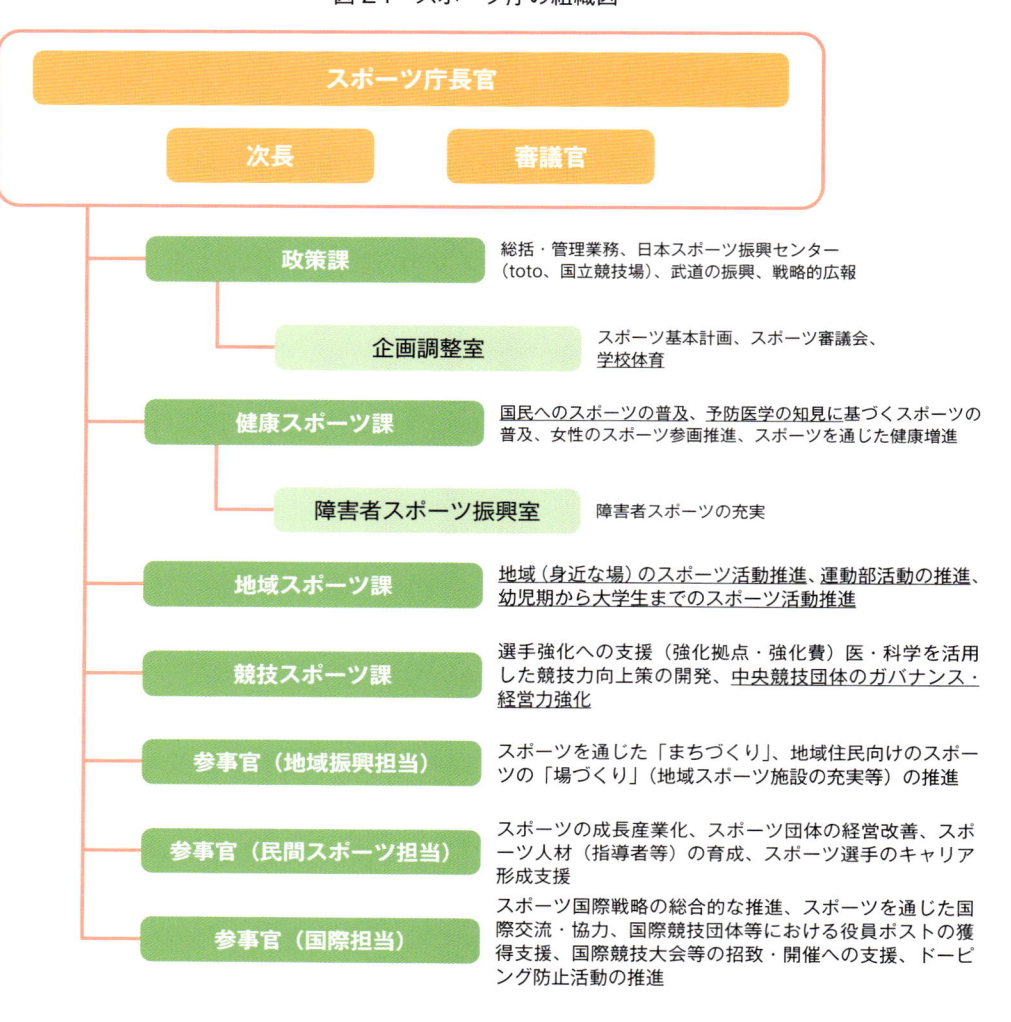

ュアリズム）。

　2017年8月1日現在、59中央競技団体、47都道府県スポーツ（体育）協会、7関係スポーツ団体が加盟し、4準加盟団体がある。

　各運動競技について国際的に統括する団体として国際競技連盟（International Sports Federations：ISFs）がある。

　スポーツ競技を下記に分類別にまとめた。細目は200種以上になり馴染みのない種目も多い（フリー百科事典ウィキペディアより引用）。本邦発の種目は25種近い。

　陸上競技、水泳、体操、自転車競技、武道・格闘技、射的スポーツ、球技、スキー、スノーボード、スケート、ソリ、陸上スポーツ、スカイスポーツ、ウォータースポーツ、雪上スポーツ、陸上滑走スポーツ、モータースポーツ、マインド

スポーツ、アニマルスポーツ、その他未分類のスポーツ等である。

　ビデオゲームによる対戦会もコントローラ操作という身体活動で対戦するため e-Spots と呼ばれるようになった。

　国内で行われているスポーツ・運動の実施頻度順を（表11）にまとめた[48]。

　世界のスポーツファンの人口と人気順を（表12）にまとめた。合計すると世界全人口の倍以上になる、「競技人口には定義がない」ので、明確に調査したデータはないという。あくまでも推定・推測によるため調査により大幅な違いが出るのは当然のことであろう[49]。

表 11　日本のスポーツ人口のランキング（20 歳以上）[48]

順位	スポーツの種類	人数（千人）
1	ウォーキング・軽い体操	43,689
2	器具を使ったトレーニング	14,852
3	ボーリング	14,852
4	ジョギング・マラソン	11,322
5	登山・ハイキング	10,406
6	水泳	10,332
7	ゴルフ（練習所を含む）	9,011
8	つり	8,650
9	サイクリング	7,491
10	その他	5,983
11	野球（キャッチボールを含む）	5,733
12	卓球	5,346
13	バドミントン	4,956
14	スキー・スノーボード	4,869
15	サッカー（フットサルを含む）	4,132
16	テニス	3,818
17	バレーボール	3,167
18	バスケットボール	2,292
19	ソフトボール	2,138
20	ゲートボール	763
21	剣道	354
22	柔道	301
	総数	174,457

平成 28 年社会生活基本調査より作成

表 12　世界のスポーツファンの人口と人気順 [49]

順位	スポーツ	ファン人口	主な競技地域
1	サッカー	40 億人	全世界
2	クリケット	25 億人	イギリス・イギリス連邦諸国
3	ホッケー	20 億人	ヨーロッパ、アメリカ、アジア、オーストラリア
4	テニス	10 億人	全世界
5	バレーボール	9 億人	西ヨーロッパ・北アメリカ
6	卓球	8 億 7,500 万人	全世界
7	バスケットボール	8 億 2,500 万人	全世界
8	野球	5 億人	アメリカ・カリブ海諸国、東アジア
9	ラグビー　フットボール	4 億 7,500 万人	イギリス・イギリス連邦諸国
10	ゴルフ	4 億 5,000 万人	西ヨーロッパ・北アメリカ、東アジア

5　スポーツとアマチュアリズム

　上述のように、1980 年まで、体協は、プロ選手の存在を認めなかった（アマチュアリズム）が、スポーツにおける**アマチュアリズム**とは一体何であったのか。内海 [56] によれば、それは今や歴史的に生成—成長—崩壊の完結した事象であり、確かに過去の遺物となりつつあるが、一方では、現在のスポーツ、スポーツ観をもいまだに潜在的に規定しているところがあるという。

　スポーツの高度化、プロ化の進行、コマーシャリズム（商業主義）の浸透、スポーツ・フォア・オール政策の浸透の中で、高度化においても、大衆化においても、1980 年代にはオリンピックの多くの種目で、「オープン化」（コラム⑩）というプロ容認が採用された。こうして 100 余年にわたって実行されてきたアマチュアリズムは崩壊した [53]。

　確かに、コマーシャリズムは、スポーツの世界に資本主義の一員としての自覚をもたらし、アマチュアリズムによって瀕死の状態であった国際的ないし国内的なスポーツ組織・団体の崩壊を防ぎ、スポーツの発展へと転換する活力を与えた。しかし、グローバリゼーションの中で、過剰なコマーシャリズムやナショナリズムによる勝利至上主義、ドーピングなどの弊害が激化し、スポーツを崩壊させる要因も生じている。それゆえにアマチュアリズムの「純粋性」への郷愁、回帰が一部に生じているというのである。

　内海はアマチュアリズムを批判的に述べるが、現在のアマチュアについては批判的ではない。彼の多数の著書のテーマも一般大衆へのスポーツの普及のための政策研究であり、いわばアマチュア・スポーツのより一層の増加を望んでいる。もちろん「プロ・スポーツ」も文化の開拓者であり両者の併行は必須で、どちら

コラム⑩

オリンピックからアマチュア選手が消えた三つの理由[53]

　昔のオリンピックは当時のアマチュアリズムという思想が浸透しており、アマチュアリズムに沿った選手しか出場できず、また収益を目的としていなかった。しかし、①次第にオリンピックでは莫大な経費が掛かるようになり、開催国に収入面で大きなメリットが得られるように大会方針が修正されるようになった。②収入を増やすにはプロ選手の出場が最も効果的で、アマチュア選手が徐々に少なくなり、現在は完全にいなくなった。さらに現在は、③スポーツの注目度が大きく上がり、アマチュアとプロに大きな差が生まれた。このようにして、プロに興味を持つ人が圧倒的に増え、現在のオリンピックは世界的なスポーツイベントに成長した。一方で注意点もある。それは、政治的に利用されることがあるということと、ボランティアの無給労働や賄賂による招致問題等を解決しなければならない、ということである。

か一方だけというのは不可能である。

　半世紀前、すでに永井[55]はアマチュアリズムの問題を論じ、スポーツの正しい大衆化、プロスポーツのあり方に具体的内容の提言をしている。それについてはコラム⑪にまとめた。永井の強調するアマチュアリズムとは、すなわちスポーツの原初的性格の維持である。スポーツ大衆化のための必要な環境の改善のうち、国民の余暇時間の増大、生活基盤の確立、スポーツ施設の増設は、筆者が1章で国が施策しなければならないと述べたことと同一である。内海、永井の提言の内容は時を経ても変わらないものである。

　国民の余暇時間に強く関連する、海外と比較した我が国の労働時間、有給休暇取得率について、近年の状況をコラム⑫、⑬にまとめた。

　世界の主要国の労働時間ランキング[57]は、OECD（経済協力開発機構）が公表している。日本は、さほど深刻な状況にはないように見えるが、実は、長時間労働、働き過ぎが社会問題として依然残っている。OECDのデータは給与所得者、自営業者を含む全就業者の平均年間実労働時間である。つまり、正社員、派遣・契約社員、パート、アルバイトの全部を含めた平均時間となる。日本では、パートタイム労働者の比率が1990年代後半から急激に増加し、全就業者に占めるパートタイムの比率は1995年には15%だったものが2017年には30%以上に増加している。一方、正社員の比率は、1995年後半から一定である。経団連の2019年労働時間実態調査によると、パートタイム労働者を除く労働者の年間労働時間は、約2,000時間になり、実際には日本のサラリーマンの労働時間は、世界的に

も高いことになる。

　働き過ぎとは休みを取っていないことである。日本の有給休暇取得率[58]は世界の中で最下位である。すなわち、長時間労働でしかも休みをとらないから余暇時間はない。「運動する時間が足りない」という現状の裏付けである。労働時間の適正化が喫緊の課題であることを国は理解しなければならない。

　スポーツの用語を以下にまとめた。

アマチュア：対概念はプロである。2者の違いをコラム⑭、⑮にまとめた。どちらも人間の一つの属性である。アマチュアは職業ではなく、趣味や余技として行う人を指す。

アマチュアリズム：対概念はプロではない。アマチュアリズムとは観念（イデオロギー）であり、その具体化の制度（ルール）である。一部にプロフェッショナリズムという用語（プロ根性という意味で）も使用される。

セミプロフェショナルスポーツ（セミプロ）：スポーツを行う際に給与をもらっており、アマチュアというわけではないが、プロフェッショナルとしてスポーツを行っているわけではないスポーツ選手を指す。

ファン：スポーツを支えるのに欠かせない存在。スポーツや芸能、また選手やチーム、芸能人などの熱心な「支持者」や「愛好者」を意味する。

サポーター[52]：スポーツの応援で使われる場合は「支持者」「後援者」の意味になる。サポーターは熱狂度の高さや特定チームだけをひいきにするという特徴で「ファン」と使い分けられる。

コラム⑪

スポーツの大衆化

　永井[55]は、スポーツの正しい大衆化は、余暇時間、経済的余裕、スポーツ施設用具の三つの条件の整備を前提とし、欲求に対する刺激と、スポーツに対する正しい認識の育成とが並行して行われて初めて可能になるのであるとする。

　今のような状態が続く限り、機械化、オートメ化が進むにつれてスポーツはごく一部のかぎられた人の労働となり、見世物へと変わり、大多数の国民は、人間対人間の競争であるスポーツを忌避して見物するに止まり、さらには逃避して自然の中に安らぎを求めるようになるのではあるまいか。スポーツ文化を愛するのに、その高さのみを求めて底辺を拡大する努力を怠るならば、スポーツそのものの存在を却って危うくすることになりかねないだろう。アマチュアリズムの強調とスポーツ環境の改善が切に望まれる。そのためには以下の項目が必要であろう。

（1）スポーツマンの主体性の確立

　本務とのバランスをとりつつ、自由独立など人間としての立場でスポーツの主体性を確立する。そしてそれを組織していく。

（2）正しいスポーツの大衆化のための施策による環境の改善

　　㋑余暇時間の増大

　　㋺生活基盤の確立

　　㋩スポーツ施設の増設（小規模のものを多く）

　　㊁スポーツに対する正しい認識を高める

日本の労働時間 [57]

順位	国名	労働時間（時間／年）
1	メキシコ	2,137
2	コスタリカ	2,050
3	韓国	1,967
4	ロシア	1,965
5	ギリシャ	1,949
6	チリ	1,914
7	イスラエル	1,898
8	ポーランド	1,806
9	チェコ	1,788
10	ニュージランド	1,799
11	アメリカ	1,779
…	…	…
22	日本	1,644
…	…	…
37	デンマーク	1,380
	世界平均	1,726

年間の有給取得率（2018 年）[58]

- ブラジル ----- 100％（30日/30日）
- フランス ----- 100％（30日/30日）
- スペイン ----- 100％（30日/30日）
- イタリア ----- 75％ （21日/28日）
- インド ------- 75％ （15日/20日）
- 香港---------- 100％（14日/14日）
- メキシコ ----------93％（14日/15日）
- シンガポール -----93％（14日/15日）
- 韓国 --------------93％（14日/15日）
- オーストラリア ---70％（14日/20日）
- アメリカ ----------71％（10日/14日）
- **日本 --------------50％（10日/20日）**

コラム ⑭

プロとアマチュアの違いとは？　プロの定義とは？

・プロは仕事にしている。アマチュアはあくまで趣味
・プロは常に高い完成度を求める。アマチュアは自分の好きなようにやる
・自分を律することができるのがプロ、そうではないのがアマチュア
・強く自分を信じられるのがプロ、あくまで楽しくやるのがアマチュア
・プロは休む時はしっかり休む。だらだら休むのはアマチュア精神が抜けて
　いない

コラム ⑮

プロとアマの違い 13 カ条

〈プロ〉

1. 人間的成長を求め続ける
2. 自信と誇り
3. 常に明確な目標を指向
4. 他人の幸せに役立つ喜び
5. 可能性に挑戦し続ける
6. 思い信じ込むことができる
7. 自己訓練を習慣化
8. 時間を有効に習慣化
9. 成功し続ける
10. 自己投資を続ける
11. 使命を持つ
12. できる方法を考える
13. 自分のシナリオを書く

〈アマ〉

1. 現状に甘える
2. ぐちっぽい
3. 目標が漠然としている
4. 自分が傷つくことは回避する
5. 経験に生きる
6. 不信が先にある
7. 気まぐれ
8. 時間の観念がない
9. 失敗を恐れる
10. 享楽的資金優先
11. 途中で投げ出す
12. できない言い訳が口に出る
13. 他人のシナリオが気になる

自分自身の人生・生き方にとっても大切な「考え方」

第3章 スポーツを"楽しむ"とはどういうことか
—「スポーツ・モドキ」と「スポーツ・もどき」

　「生涯スポーツ」とは、健康の保持増進やレクリーションを目的として、いつでも、誰でも、どこでも、気軽に、生涯できるスポーツのことを言う。しかし、序章や1章で述べたように、そのようなスポーツはウォーキングしかあり得ない。一方で、1章に示したように個人の責任において多種目（120種目）のスポーツに挑戦されている方々がいる。

　自分のライフスタイルや興味に応じてスポーツに取り組むことは、健康の保持増進に加え、毎日の充実や生きがいに結び付く。「平均寿命の延伸や余暇時間の増大、所得水準の向上や生活意識の多様化からスポーツの大衆化が進み、老若男女誰でもスポーツに楽しみを求め、健康づくりや社交の場としてスポーツを行うことが広く普及され実践される」ことが理想であるが、残念ながら実現していない。生涯スポーツの最高峰の国際大会はワールドマスターズゲームがあるが一般には関係ない。あることを知っているだけでよい。

　生涯スポーツはスポーツを行うこと自体に目的がある。1章で述べたように、スポーツを長期継続している方は非常に少ない。現実は、"自由に楽しむ"とはかけ離れた**生活活動に追い回され**、せいぜい娯楽としての「みるスポーツ」で気を紛らわせているのではないか。

　国民が「するスポーツ」を生涯続けられるために、国は果たしてその環境を整備してきたかと言うと、残念ながら序章に述べた通り、国はスポーツを個人個人で「自由に楽しめ」と放り出してしまった。従来、日本人に根付かなかったスポーツの基本となる"楽しむ"をどのように具現させられるかについて、国は何ら触れていない。

　「生涯スポーツ」では、先ず、「時間のゆとりがない」「生活にゆとりがない」を国が解決する努力が必要である。「スポーツに興味が湧かない」も体育嫌いをつくってしまうことと無関係ではない。では、「生涯スポーツ」の"楽しむ"とはどのようなことか。

　「生涯スポーツ」、「競技スポーツ」ともに自主的・自発的にすること，好きになることは共通するが、"楽しむ"内容は両者全く異なる。

　「生涯スポーツ」を始めるにあたって種目は選ばない。自発的に始めること、やっていることを先ず好きになることが先決である。最初から上手く行くはずがない。失敗を繰り返し、相当の時間をかけて自分なりに努力するうちに次第に好

きになってくる。初めからプレイが楽しいはずがない。好きになってくれば、続けやすくなる。好きなことをしている時間を過ごし、それを続けられることが楽しくなるのである。意欲がわいてくる。勝負にこだわること、上手くなることにこだわらなくともよい。人とのつながりの広がりもできてくる。好きなことを続けられること、これが生涯スポーツを長く続けている方々の共通した認識である。

　特別な方法はない。単純である。筆者のすすめる「スポーツ・モドキ」の極意とは、好きになるまでは時間がかかっても無理せずにがんばってみることであり、「楽しむ」の本質である。

　「生涯スポーツ」は非日常が絶対条件である。したがって、「仕事」「移動」は含まれない。すなわち生活活動は含まれない。その頻度は種目によるが、週1回以上でありたい。「生涯スポーツ」をするには、種目にもよるが、時間的ゆとりと多少の資金が必要となることは知りおく必要がある。1章で述べたスポーツ実施状況調査の中で、スポーツを長期継続している方は少ない。

　「生涯スポーツ」は健康維持・増進のためだけでなく、人生を心豊かにするために皆が手掛けることが望ましい。プレイ自体を楽しめるほど上達し、さらに上手くなりたい方、勝負にこだわりたい方は次の段階である「スポーツ・もどき」にお進みいただきたい。

　例えば、ジムに通っている方で、マシーンのトレーニングを好きでたまらない方はまずなかろうと思う。しかし、自発的に始めていることで最初のバリアを越え、トレーニング量が自分に合っていると感じることで継続しやすくなり、当初の目的である健康の維持・改善できていることが楽しいのである。インストラクターに指導を受け、自分のやっていることに自信を持てることも手伝う。

　つまり、「スポーツ・モドキ」というのは、アスリートの技術に較べると似ても似つかなくても、自身あるいはお互いがそれなりにプレイできるレベルのことである。そして「スポーツ・もどき」というのは、上達して多少勝負にこだわれるレベルのことである。「スポーツ・もどき」に達するとアスリートに多少似て格好がつき、楽しさが異質になり、より楽しくなる、ということである。

　「生涯スポーツ」の価値は、非日常で、ひと時でも、わずかでも得たい没入感、爽快感、自己達成感、幸福感、健康感、充実感、熱意等の積み重ねである。

　これらの実感が心の豊かさを生み、"スポーツの楽しさ"につながるのである。

　なによりも継続することに価値がある。

　「競技スポーツ」のトップアスリートの"楽しむ"は、「生涯スポーツ」のそれと全く異なる。これについてはコラム⑯に記載した。続けて、敗者から教わることをコラム⑰にまとめた。

コラム⑯

「競技スポーツ」でトップアスリートの"楽しむ"とは どのようなことか

　トップアスリートの大半がプレゴールデンステージからスタートし、練習量が極端に多く、それを継続している。全員共通して若年の頃から、失敗したこと、及ばなかったこと、欠点、弱点、不足していること、思いついたこと、よかったこと、繰り返したいこと等を全部メモにしている。四六時中その解決法をあらゆる方角から考え試行錯誤を繰り返し、少しずつ解決するように努力している。何事も順調に行き続くことはあり得ない。外傷、病気、体調の下降、不調の壁、難関の連続であり、レベルが上がれば上がるほど越えなければならないハードルは高くなる。努力を重ねても、それが必ず報われるとは限らない。努力は期待を裏切る。世界一の練習をしている自負があっても勝てるとは限らない。技能だけの問題ではない。体力、精神力、すべてが揃っても、運というものがある。勝負は厳粛である。勝たなければならないのである。自分の難題をクリアできた時、結果は銀であってもガッツポーズした選手に拍手を送りたい。一方では、自分の課題を乗り越えてもチームが勝たなければ楽しくないという選手もいる。病気、怪我でどん底から這い上がった選手たちには最大限の拍手を送りたい。トップアスリートは、常にストイックに耐え、自分の課題を乗り越え、勝てた時、初めて"楽しい"という。もちろん彼らは共通してその競技が好きでたまらないからできるのである。しかも、さらにレベルを上げて競技の真髄を探究し続けるため終わりがない。それ故、体力、気力が続くまで自分の限界に挑戦することになる。力の限りを尽くし引退する時、その競技を選んで本当に満足できたという。

**コラム⑰**

挑戦の価値を大切にしたい。敗者の背中に学ぶ

　敗北の痛みを受け入れる「よき敗者」たちの後姿は、見る側の胸を強く揺さぶる。

　2022年、中盤に差し掛かった北京冬季五輪でも「金メダル候補」や「表彰台確実」の呼び声高い日本代表選手たちが不覚を取り、心痛に耐えるシーンを何度も目にした。

　フィギュアスケートの羽生結弦は8位と出遅れたショートプログラムに腐らず、フリーでは前人未到のクワッドアクセルに挑んだ。惜しくも転倒して失敗に終わったものの、記録の上では世界で初めて「4回転半」が公認された。未踏の地に旗を立てるという一念がなければ、時代の扉は開かない。羽生の踏み出した一歩は、金メダルに劣らぬ価値がある。

　女子スキージャンプの高梨沙羅は、混合団体の1回目で大ジャンプを見せた直後に、スーツの規定違反で失格判定を受けた。その場で泣き崩れるほどの打撃を受けながら、2回目で美しい飛躍を見せ、チームを4位に浮上させる契機を自らの手でつくった。失意に膝を折り、2回目を回避する道もあったはずだが、逃げることなく難路を選んだ。

　自身のSNSに「失格のせいでみんなの人生を変えてしまった。深く反省しております」とつづった高梨に、5万を越える激励が寄せられている。痛みに耐えて高飛躍を見せた姿に、多くの人が共感した証しである。

　フリースタイルスキー女子モーグルの川村あんりが決勝で大技に勝負をかけた果敢な英姿は、次代を担う子供たちの道しるべとなるはずだ。どんな名選手も敗北と無縁ではいられない。その真価が問われるのは、躓いた後だ。挑戦も再起も簡単でないからこそ、我々は大舞台で傷つく選手たちに心を動かされ、涙を誘われる。苦しい時にこそ、敗者の後姿に自分を重ねてみたい。次の1歩を踏み出す力を、彼らは与えてくれるに違いない。

（『産経新聞』主張 022.2.11）

第4章　体育 [64)65)]

1　「知育」「徳育」「体育」[87)]

　　さて、序章と2章で「スポーツ」の歴史について述べたが、ここでは教育における「体育」について述べていく。

　　慶應義塾の開祖福沢諭吉は、理念として**近代的な学校教育における体育の重要性をいち早く認め**、代表的著作『西洋事情』の中で「四肢を運動し、苦学の鬱閉を散じ身体の健康を保つ」と、西洋の学校で取り組まれている体育教育を紹介した。1868年規則として「**ジムナスチックの法**」と名付けた西洋流の体育思想を導入し、「ジムナスチックの法に従い種々の戯いたし、勉めて身体を運動すべし」と定め、「体育教育」を根本に据えた[59)]。

　　福沢の**体育観・スポーツ観**[60)61)]は、①健康のための身体活動の重要性をよく認識していた。②個人の独立を重視していたが、その独立を支える要素として、体の健康を重視し、活発な智力を支えるためにも身体を積極的に鍛える必要を強調していた。「先ず獣身をなして後に人心を養え」という言葉が端的に示す。③各要素のバランスを重視していた。健康な身体は独立の人を支える一要素であって、これがすべてではない。これらの認識には福沢の**教育観**が影響している。その教育観は、1860年にハーバート・スペンサーが提唱した**教育の基本は「知育」「徳育」「体育」**の三育であるという理念に共通する。

　　「体育」という用語は、1876年に近藤鎮三によって「Physical Education」の訳語として使用されたのが最初とされる。当初は「**身体に関する教育**」と訳していたが、その後、「**身体之教育**」から「**身体教育**」に、そして「**身教**」を経て、「**体育**」に至った。体育は、身体に対する教育を指す言葉であり、スポーツとは区別される。戦前には、体育の代わりに「体練」という言葉が使われ、教練、体操、武道の3分野からなる科目であった。戦後の1947年になって体錬は「体育」に改められた。

　　米津[62)]は、現代社会は、運動不足や環境問題など、自己の健康や体力の向上を目指した運動需要の問題を抱えているとして、年齢により3段階に分けて各段階の問題などを以下のように説明している。

　　第1段階は、幼児期から青年期までのいわゆる発育期の過程である。この時期は自己の健康や体力の向上を直接の目的として運動することは少なく、実践者は

特に運動の本質的な楽しさを追及する。運動による発育・発達や体力向上を無視するわけではないが、運動すること自体に興味を示し、日常生活において、健康や体力のために運動を目的化しようとする考えは少ない。

第2段階の壮年期では、運動の楽しさをレクリエーション活動としてとらえるとともに、自己の健康や体力の問題を主体にする二つの機能が問題となる。この時期は社会的活動にも精を出す年齢で、生活も多様化され、健康の保持増進に目を向けるようになる。

第3段階の老年期では、健康の保持増進や老化の防止のために運動が必要となる年齢で、運動の必要性からの欲求充足が求められる年齢である。

人間と運動の関わりでは、各年齢層における健康や体力の問題だけでなく、運動が人間形成に寄与する重要な役割を果たしているという考え方が重視されている。現代生活では、その目的を達成するため、従来の体操だけではなく、広くスポーツ、ダンス、野外活動等が行われている。これらの身体活動は、健康や体力の向上だけでなく、スポーツを文化として受け止め、スポーツの実践が生活を豊かにし、個人の人格形成にも役立つという認識が高まっている。運動の実践は身体に対する効果をもたらすが、個人の健康度や機能、運動の好き嫌い、経験、運動に対する考え方などによって実践の仕方は異なることから、米津は、個々の生活を考慮し自己に適した運動の選択と実践がこれからの社会生活で求められる、と述べている。

さらに、米津[62] は学校体育の改革の歴史について解説している。**第一の教育改革**は、国家的な殖産振興による「富国強兵」政策に基づく近代化への対応を目指した学校制度の整備であった。「知育、徳育、体育」に示される「三育論」が強く影響した。**第二の教育改革**は、軍国主義や極端な国家主義を排し、民主主義国家・文化国家への転換を目指すものであった。社会的要請として児童中心主義的な考え方が民主社会実現の目的達成のための手段として位置付けられたのである。**第三の教育改革**は1984年に行われ、「運動の教育」の実践では「楽しい体育論」と「目当て学習」が我が国の体育授業で盛んに展開され、生涯スポーツの基礎づくりのために「運動の学び方」が重視された。学習指導要領は、1947年以来、大まかに10年ごとに改訂を重ねた。現行の学習指導要領をコラム⑱に要約し、これからの学校体育の課題は、コラム⑲にまとめた。

元々は、教育思想の中から体育という言葉が生まれたのに対して、終戦を機会に教練にあてはめられた経緯がある。現在でも体育が精神論や体罰と結び付きやすいのは、この経緯が大きく影響していると思われる。そして、スポーツとの混同が体育の役割を阻害していると考えられる、と大塚[63] は指摘する。

学校体育とは、学校の管理のもとでスポーツ、体操、遊技、ダンスなどの身体運動を用いて、計画的に行われる教育活動を言い、教科、体育行事、特別教育活

コラム ⑱

現行の学習指導要領：学校体育・運動部活動

　現行の学習指導要領では、生涯にわたって運動に親しむ資質・能力を育てることや体力の向上を図ることをねらいとして、小学校から高等学校までを見通して、指導内容の系統化や明確化を図っている。

　また学校教育の一環として行われる運動部活動は、スポーツに親しむとともに学習意欲の向上や責任感、連帯感の涵養等に資する重要な場であるため、スポーツ庁では、運動部活動をより充実させるための取り組みを行っている。

　現状の解決しなければならない問題点は下記の通り。

・子供の運動習慣の二極化の解決
・運動部活動のイノベーション…子供目線の運動部活
・効果的な部活動は子供たちの「主体性」がキーワード
・「総合型地域スポーツクラブ」の実現
・「ゆる部活」の支援等々

コラム ⑲

これからの学校体育の課題

　子供たちの現状と課題について、米津[62]は以下のことを指摘している。

1.　低学年の「運動遊び」をどのように指導するかは教師の専門性、指導力が問われる問題である。戦後においても学校体育は楽しみ的要素を過小評価し、頑張りや忍耐、訓練や規律を重視してきた。その結果、多くのいわゆる「運動好きの体育嫌い」の子供を生み出してしまった反省がある。したがって、「運動遊び」の指導では、運動技能の習得に傾倒するのではなく、基本的な運動技能に加えて力や感覚、動きづくりの習得が大切になる。

2.　ミニマム（すべての子供たちに共通して保障すべき最低限必要なもの）を保障する教材開発。課題を解決するために必要な力や感覚を習得させるためのやさしい下位教材の提供

3.　子供の自発性を育てる教員の指導性

4.　子供の体力の向上

動の3領域からなる。

　学校において、体育は授業の教科または科目の一つとして小学校から高等学校まで実施されている。文部科学省は、「体育は、すべての子供たちが、生涯にわたって運動やスポーツに親しむのに必要な素養と健康・安全に生きていくのに必要な身体能力、知識などを身に付けることをねらいとする」と体育の目的を掲げている。大学教育において体育は、1991年の大幅な規制緩和に伴う大学設置基準の「大綱化」で必須科目から外され、多くの大学が選択科目としていたが、必須科目に復活させる動きが出てきているとも言われる[91]。その背景は、体力やコミュニケーションの低下が問題視されているからだという[92]。

　大塚[63]は、体育とスポーツの意義はすべてに関して同じではないとし、次のように説いている。一般的に体育は学校教育の教科であり、スポーツはその体育の教科・教材として実施されることが多い。体育では教育的効果を求めて時間をかけての実践や基礎的行動が多く実施されることがあり、一般的には強制的で楽しみの少ないものとして捉えられることがある。一方、スポーツの特性はゲーム性が大きく楽しく、結果に結び付きやすい特徴と実践以外に観戦する者が応援者としてもゲームに参加する楽しみがある。また、スポーツは直接的にビジネスとも結び付きやすく、スポーツビジネス産業は発展の一途である。体育のイメージは古臭く強制力が大きい。スポーツのイメージは開放的で個人を大切に考えられて楽しめるものと極端に思ってしまう傾向がある。今、体育は新たな時代に向けて変革の時期を迎えていると思われ、現代社会にあった体育の役割があると考えられると述べている。

　「スポーツ」と「体育」の違いをまとめると、「スポーツ」は楽しみで行ったり、勝敗を競ったりする身体運動の総称で競技運動の他、レクリエーションも含まれるのに対し、「体育」は教育の一環として運動の力や健康な生活を営む態度を養うことを指導するものである。端的に言うと「自主的にするのがスポーツ」であり、「教育として施されるのが体育」である。また「体育は知的教育」であり、「スポーツは文化的活動」とされる。

　スポーツの特徴は“ルール、技術の習得・肉体鍛錬（継続）、楽しむ”である。これを体育の特徴である“身体の教育（Physical Education）”と結び付けることは、現状として複数の障害があると考えられる。大塚の体育とスポーツの主なイメージ分類例を表13に示した。

　福岡ら[42]は、現代でもスポーツとは身体を鍛えるための手段としての体育であるという考え方が根強いとし、1970年代にスポーツの自発性を重んじ、すべての教育機関で「体育」という言葉が消えて「スポーツ」になったヨーロッパとは対照的であると述べている。ヨーロッパに遅れること30年以上、2000年を越してから、本邦で、大学や短大の学部名、カリキュラム名から「体育」の文字が

表 13　体育とスポーツの主なイメージ分類例

	体育	スポーツ
指導体制	・指導者が単一 ・思想優先 ・学校での活動	・複数の指導者と受講者 ・勝敗、楽しむことが優先 ・課外活動が中心
主な指導の方法	・一方的な指導 ・指示どおりに動く ・総合的運動	・自立できるような指導 ・指示以外での動きを求める ・単一種目運動
管理体制	・指導者の管理	・自己管理
受講者の反応	・強制力を感じる ・集団行動が身に付く ・苦手意識	・達成感を感じる ・個人能力を発揮 ・好き嫌いに分かれる

消え、「スポーツ」を使う例が目立って増え出した。「体育」から「スポーツ」への改称はもはや時代の要請と言えるのであろう。

論文「スポーツと体育の混用」[113] によると、スポーツと体育が同義語的に使われている現状があるという。歴史的な概念の変遷から「体育・スポーツ」という連結語が用いられたり、目的の違いや哲学的概念から「スポーツ」と「体育」を区別したりしているが、スポーツと体育が異なる存在であると認め混用を改めることが「スポーツ」と「体育」の双方にとって有益で、必須なことである、としている。

2　体育嫌い [68)72)83)]

体育嫌いは子供だけでなく大人にも多い。生涯にわたって適度な運動の必要性が訴えられている現代において、この問題は重要である。

学校の体育の授業は、運動することの楽しさを伝える絶好の機会であるはずだが、「昔から体育嫌いだった」という人がいるように運動に親しむ入り口になれていないことが多い。

松尾[70] は、運動嫌いを増やしてしまう学校の体育の常識である「全員ができる教」が大問題だと指摘している。

体育は、生涯にわたって心身の健康を保持増進することが目標であるから、持久走、組体操のような無理な負荷をかけたり、恐怖心を植え付けたりして体育嫌いを生んでしまっては本末転倒であるとし、これからの体育には、「選択」という考え方を持ち込むとうまくいくと言う。例として持久走を取り上げ、具体的に、「何を選択肢として示すか」と「何を評価するか」が指導のポイントになるとす

る。自分でペースの選択ができるようになるのが目標で、評価が子供の動きを引き出すというのは、特に体育科の大切なポイントとしている。

　また、体育嫌いとなる原因については、「痛い」「怖い」「できない」であり、その代表が跳び箱であるという。「できる」「できない」にこだわるのは、いまだに体育の考え方が一律の目標達成型だからで、例えば鉄棒運動も目標を一つの技が「できる」かどうかに限るのではなく、「自己能力に適した技」でよい。これも前述の「選択」であると述べている。

　スポーツ庁は「第二期スポーツ基本計画」にスポーツ嫌いを半減させる目標を掲げた。平尾[69]は、個別の教育現場において、子供たちがどういうことに悩み、なぜ嫌いになっているのかという問題意識が希薄であると指摘し、好き嫌いに踏み込んで嫌いなものを好きにさせること自体がナンセンスだとした。そして、体育の在り方を根本から変えるには、長い時間が必要と指摘している。他の多くのスポーツ研究者も冷めた反応を示したためか「第三期スポーツ基本計画」ではこの目標は取り下げられている。

　「体育嫌い」を考えるフォーラム[67]から、国の過去の調査では、体育嫌いは女性が多く、原因は教える側の能力主義や、子供の側の苦手意識にあることなどが指摘されている。苦手意識を持つ子供たちは自らしゃべり出さないから、聞いてあげることが大事であり、苦手意識を乗り越えるために大切なのは遊びやゲームの要素であるとの指摘がある。遊びの要素を充実させて、気付いたら技能が身についているという風にできたらよい。しかし、日本の体育は競技スポーツ中心に構成されており、実態は変わりにくいという。

　中澤[71]は、体育研究者やスポーツ研究者たちは運動好きが多いので「なぜ運動嫌いが生まれてしまうのか」という問いにきちんと取り組めてこなかったかもしれないと指摘する。体育では、「できる／できない」の問題が個人を越えて集団の中で評価されるような構造になっている。スポーツというものが本質的に競争原理を内包していて、体育の授業を実践する体育教師の中で、どうしても自然に結び付きやすいという。体育では習熟度別授業はあまりなく、能力差をどう捉えるかに問題がある。歴史的には、能力の違いと人種やジェンダーの違いに対応する必要もあった。能力差もまた一つの「差別」につながるのではないか。能力差の回収のためには、ルールの改変が必要になってくる。ルールは変えてもいいのだという発想を持つことが大事で、「自分で答えを創る」ことこそクリエイティブであるという。

　大矢ら[74]の、小学校体育授業に対する好き嫌いについての報告をコラム⑳に要約した。

コラム⑳

大矢ら[74] の "小学校体育授業に対する好き嫌いと運動意欲の関連性および授業後の感想文のテキストマイニング" の要旨

　小学校 3、4 年の児童、男子 50 名、女子 72 名計 122 名を対象に、「体育が好き・どちらでも・嫌い」と他の属性との連関に統計的手法を用いた結果、「運動クラブ所属」「運動の得意・不得意」「達成意欲」において人数の分布には有意な違いが認められた。さらに、テキストマイニングでは、児童が感じた「体育授業でうれしかったこと」の単語頻度から抽出し、注目語単語として分析した結果、運動ができるようになった（達成体験）、基本的な動きや技能が身についた（能力向上）、先生や仲間に褒められた（称賛）、仲間と協力した（共有感）などが体育授業の肯定表現に結び付いた。体育のうれしかったことの単語頻度から種目を見ると、リレー、鉄棒、スイミング、ドッジボールがあり、難易度の高い種目であってもできなかったことができた時に、多くの児童が体育のうれしさを感じていることが確認された。

3　部活（中学生・高校生）[66]

　日本の学校では、体育を補填するために課外活動として、放課後や休日に運動部活動が広く行われている。全国調査で 7 割以上の中学生と 5 割以上の高校生が運動部活動に加入し、ほぼすべての学校が運動部活動を設置しており、半分以上の教員が運動部活動の顧問についているという[85]。中澤[7] は、世界 34 カ国の中学・高校のスポーツの場を、「学校中心型」「学校・地域両方型」「地域中心型」に分類し検討している。それによると「学校・地域両方型」が 2/3 を占めるが、この型においても地域クラブの方の規模が大きく活発であるという。次いで「地域中心型」の 9 カ国は地域クラブが主で、運動部活動が存在しないところもある。「学校中心型」の 5 カ国のうち日本以外は、地域クラブが弱体である。青少年スポーツの中心が学校の運動部活動にあり、かつその規模が大きい日本は国際的に珍しいという。

　運動部を元とした学校間対抗スポーツの国際状況の比較から、学校間対抗スポーツの有無、種類や規模は各国多様であるが、日本は規模が大きく盛んで、やはり珍しい国であるとしている。結論として日本の運動部活動は日本独特の文化であるとしている[7]。

　本邦において部活動改革が必要とされる背景の一つに、教員の長時間労働がある。文科省はこの問題を認識し、2023 年度から休日の部活動で、民間などを活

用した地域移行を進める方針であるが、課題が多く（コラム㉑の中に掲載）、進行していない。そこで、部活をスポーツ産業として捉えることで、課題の解消を目指すという提言を経産省の有識者会議がまとめた[77]。海外では、前述の中澤が指摘するように、地域クラブがスポーツ環境として一般的である。

　藤原[76]は、運動・スポーツ実施率、スポーツクラブ加入率等についてヨーロッパ諸国との比較を述べている。ヨーロッパ委員会（European Commission）が 2013 年にヨーロッパ共同体加盟 28 カ国対して実施した運動・スポーツ活動の実態調査である "Special Eurobarometer 412SPORT ANDPHYSICAL ACTIVITY" によると、スポーツクラブ加入率は、スウェーデン 53％、デンマーク 52％、オランダ 46％、ドイツ 39％、アイルランドとルクセンブルグ 35％の順で、日本は 20％で 15 位であった。EU28 カ国の平均は 24％で、G8 の中ではドイツ、イギリス、フランスの方が日本より高い。

4　大学スポーツ協会（UNIVAS）[79)80)81)111)]

　日本版 NCAA 設立準備委員会で、検討を重ねた大学スポーツに係る大学横断的かつ競技横断的統括組織「一般社団法人大学スポーツ協会」（通称 UNIVAS）[79]が 2019 年 3 月 1 日に設立された。その設立理念は、大学スポーツの振興により、「卓越性を有する人材」を育成し、大学ブランドの強化および競技力の向上を図る。もって、我が国の地域・経済・社会のさらなる発展に貢献することである（図 25、26）。

　ここで、「卓越性を有する人材」とは、知・徳・体（生きる力）を備えた、身体面・精神面と学業で優れた人材のことを言うとしている。

　大学スポーツ協会設立の背景には次のような現状がある。日本の大学スポーツは、大学内で課外活動として位置付けられ、学生を中心とする自主的・自律的な運営が行われて発展してきた経緯から、多くの大学において個々の部が自治の努力を重ねている状態で、大学の関与は限定的で、学内でも競技横断的・全学的にスポーツ分野の取り組みを一体的に行う部局が置かれていない。また大会を開催する学生競技団体も同様で、競技ごとに発展し、高体連（全国高等学校体育連盟）や中体連（日本中学校体育連盟）のような、競技横断的な統括組織が大学スポーツのみ存在していない状況が続いていた、ということである。

　文科省は、大学が持つスポーツ資源（学生、指導者、研究者、施設等）が、社会に貢献する人材の育成、経済活性化、地域貢献等の点から大きな潜在力を有しているとしているが、いつからそれを認識していたのか、なぜそのような潜在力を有する大学スポーツの振興に向けた施策を行わずに放置し続けてきたのか理解に苦しむ。大学スポーツの母体となる**大学体育会は大学の課外活動で自主的運営**

図 25　大学スポーツ振興の社会的意義 [79)]

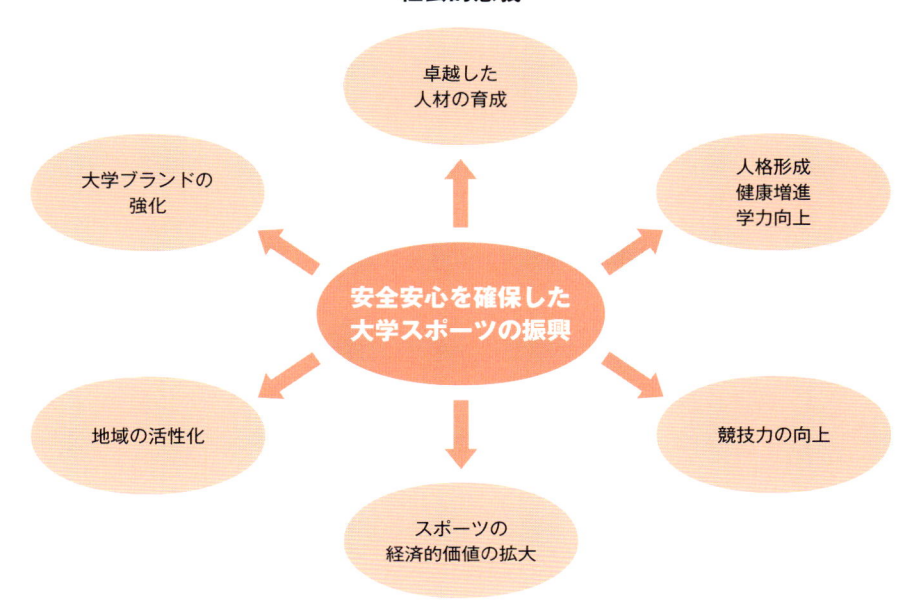

社会的意義

図 26　大学スポーツ協会（UNIVAS）の役割・主な事業 [79)]

新しいサービスの提供（イメージ）

学業充実

○学業基準の策定・普及
○e-learningプログラムの策定・普及
○キャリア形成支援プログラムの策定・普及
○学業優秀者表彰の創設
○学生アスリート向け奨学金制度の創設

安全安心

○安全・安心ガイドラインの策定・普及
○相談窓口の設置
○スポーツ医科学の研究
○データベースセンターの構築
○保険加入支援キャンペーンの実施
○コンプライアンス・ガイドラインの策定・普及
○学生アスリート健康状態調査と結果公表
○指導者への各種研修の実施

事業マーケティング

○競技横断的大学対抗戦の開催（既存の大会を前提とした
　ポイント制）
○地域ブロックにおける大会運営への助成
○競技日程・競技映像のインターネット配信
○大学におけるアスレチックデパートメント設置や
　スポーツアドミニストレーター配置に係るガイドライン策定
○スポーツ優秀者表彰の創設
○競技力向上のための助成金制度の創設
○会計管理に係る先行事例集の作成
○ビッグデータを活用したサービス開発・提供
○国際競技大会の開催

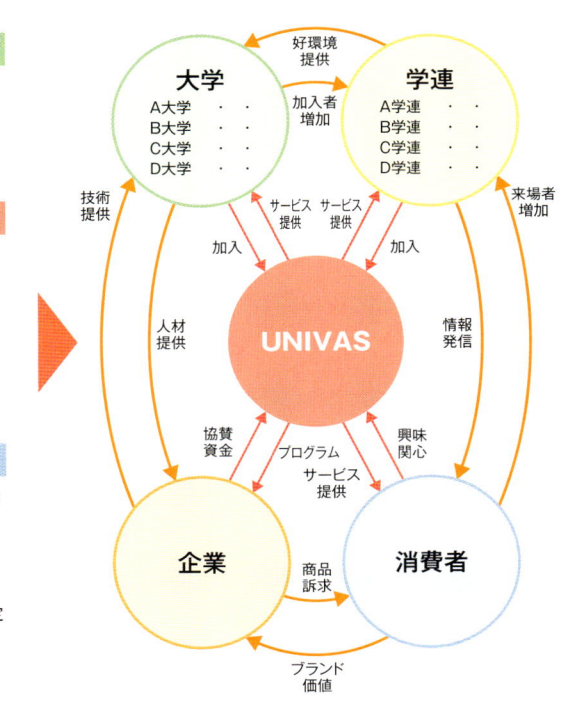

UNIVASが、大学、学連と密に連携し、企業や消費者との核となり繋ぐことで、好循環サイクルを実現

大学体育会創部年代（西暦）

慶大：1877年、同志社大：1884年、東大：1886年、龍谷大：1895年、阪大：1896年、早大：1897年、京大：1898年、明大：1905年、中央大・関西大：1907年、北大：1912年、九大：1915年、東北大：1918年、青学：1918年、日大：1919年、法大：1919年、立命大：1920年、立大：1922年、専大：1933年、関学：1947年、新潟大：1949年、千葉大：1950年、名大：1956年

　創立100年を越える大学が20ある。

　大学間では交流試合が頻繁に行われている。古くは、東京6大学野球（1925年創設）、関西6大学野球（1931年創設）、西医体（1953年創設）、東医体（1957年創設）、全国七大学総合体育大会（1962年創設）等。

の学生団体であるが、大学体育会はすでに100年前からスタートしているのである。大学体育会で創設の古い順にコラム㉑にまとめた。

　これに対し、スポーツ先進国のアメリカでは、NCAA（全米大学体育協会：National Collegiate Athletic Association）という大学横断的かつ競技横断的統括組織が1910年より存在し、大学スポーツ全体の発展を支えている。日本は、遅れること100年以上となる。

　大学スポーツの今日的問題 [82][112] をコラム㉒にまとめた。

　ところで、なお、大学体育会の名称が残っていることに違和感がある。体育は、本来、小、中、高までで大学は含まれない。体育会の名前は、2018年の某大学アメフト部の「悪質タックル」問題のみならず封建制の悪いイメージを以前から抱えてきているように感じられる。体育の名称を残すことは、負の体質が改善されずに残っているように思われるのではないか。

　そもそも、150年前から移入された各種のスポーツは、大学体育会により受け継がれ、さらに、一般に普及して現在に至る。すなわち、大学体育会こそ日本のスポーツ文化を守り、根付かせてきた母体であると筆者は感じている。だからこそ体育会の名称はふさわしくない。

　遅まきながら、「体育の日」が「スポーツの日」になり、2024年には「国民体育大会」も「国民スポーツ大会」に改修される。大学体育会も改名して、昔からの負のイメージを脱却したことを示してもらいたい。例えば、早稲田大学では1952年に課外体育の体育会と正課体育の体育部を統合した「体育局」が創設され、2003年に体育局を発展的に改組し、「競技スポーツセンター」が設置されて

コラム㉒

岡本[82)] が指摘する大学スポーツが抱える今日的問題

　私学運動部を中心にした大学スポーツとその卒業生の受け皿となっていた企業スポーツは、不況や経済的理由によって崩壊し「企業スポーツ」の時代の終焉となった。しかし、大学運動部の在り方はその流れに対応し切れていない。佐伯は、企業スポーツの衰退が大学スポーツおよび高校運動部の衰退に連動し、さらには日本全体のスポーツの衰退につながると説明する。岡本は、2000 年「スポーツ振興基本計画」の 3 本の柱のうちの一つ、生涯スポーツおよび競技スポーツと学校体育・スポーツとの連携を推進するための方策である「総合型地域スポーツクラブ」が企業スポーツに代わる学生アスリートの受け皿になることが期待される、とする。

　文科省は、クラブを育成させようとしたが、実際には「推進体制の不整備」「後任スポーツ指導者の不足」「核となる人材の欠如」「住民のニーズの欠如」「拠点となる活動施設の欠如」などの課題が多く、自治体が積極的に取り組む方向に向かっていないのが現状である。

　企業スポーツの崩壊によって縮小した学生アスリートの市場が、今後、急激に拡張することは期待できない。その現実を見据えずに、大学がこれまで通りスポーツ推薦制度によって学生アスリートを多く入学させるということを繰り返せば、学生アスリートたちにそのしわ寄せがいくことは目に見えている。

　卒業後の学生アスリートの生活をもサポートする体制を組み、それに取り組んでいくところに、真の意味での大学スポーツの活性化が望める。

いる[83)]。

　ところで、大学においては一般的にサークルと部活は区別されている。サークルと部活の違いを簡単に言うと、サークルの目的は楽しむこと、部活の目的はその活動を通じ成果を残すことと言える。それゆえ、サークルは部活と較べて自由度が高く雰囲気が緩いと思われ、どちらかと言うと「生涯スポーツ」に近く、部活は「競技スポーツ」に近いと考えられる[84)]。

第 5 章　現代のスポーツの話題

1　若者を魅了するアーバンスポーツ [89)90)]

　「アーバンスポーツ（都市型スポーツ）」は、記録の更新や競技形態など、時を重ねるごとに進化し続けるスポーツである。第 32 回オリンピック（2020 東京大会）で新たに追加採用された BMX（バイシクルモトクロス）、スケートボード、スポーツクライミングは、大会前から人気を博し、日本のメダル獲得で話題を呼んだ。アーバンスポーツを構成する種目に明確な定義はないが、危険や体力の限界に挑み、技の見栄えや華麗さによって人を魅了する自己表現に重きを置いたエクストリームスポーツ（X スポーツ）の中で都市開催が可能のものとされている。プレイする人と見る人の間に物理的境界がないことや音楽やファッションなどの若者文化が反映されていることから大いに盛り上がるスポーツとして注目される。

（1）BMX

　もともと「バイシクルモトクロス」と呼ばれる自転車競技の一種で、競技は「BMX レーシング」と「BMX フリースタイル」に分けられている。「BMX フリースタイル」は、さらに「パーク」「ストリート」「フラットランド」などに分かれるが、主に専用のパークでダイナミックなジャンプや回転などのテクニックを競い合う「パーク」が人気である。いずれも過激な（extreme）、重度外傷・高エネルギー外傷が発生しやすい種目として医療チームは対応している。

（2）スケートボード

　1940 年代にアメリカ、カリフォルニアの路上で遊んでいたものが、1980〜1990 年に世界に広まり、2000 年に競技となった。「スケボー」の略称で知られる。若者たちを中心に根強い支持を受けている競技で、スケボー中心にファッション、音楽、アートが組み合わされている。「ストリートスタイル」や「パークスタイル」など競技形態により種類が分けられる。

（3）スポーツクライミング

　スポーツクライミングも近年、若い世代からの関心が高いスポーツである、壁に点在する「ホールド」と呼ばれる突起を支えに自分の手足を駆使し登って行く。

爆発的な瞬発力と的確な判断力が求められる。

(4) ブレイクダンス（ブレイキン）[91]

1970年代のアメリカ、ニューヨークのスラム街に起源がある。2024年オリンピックパリ大会で新種目となった。

ブレイクダンス（ブレイキン）は、HIP-HOPダンスの一部を構成している。ダンス全体の歴史からすると比較的新しい分野のダンススタイルである1970年代から1980年代までのダンススタイルはオールドスクールと呼ばれ、ブレイクダンスはオールドスクールに含まれる。一方、1985年前後に生まれたHIP-HOPダンスのスタイルをニュースクールと呼ぶ。ニュースクールでは比較的シンプルなステップが多いのに対し、オールドスクールでは早目のビートに合わせて踊る大胆なステップが特徴で、特に背中を床につけて全身を回転させるウインドミルなどのアクロバティックな動きを取り入れている。このような大技が特徴的だが、曲の間奏部分に合わせてトップロックやフットワークなどのエントリーから、パワームーブ、そして最後に決めるフリーズと起承転結を含んでいる。

西中[91]は、スポーツ医学の立場から、ブレイキンには他のダンスよりも障害が発生しやすい危険性があるとしている。

アーバンスポーツは、都市とスポーツが融合した新しい型のスポーツであり、多くの課題を乗り越えつつ進化・発展する次世代のスポーツと言われる。

最近、ブレイキンのパフォーマンスを中学校の生徒たちに見せたビデオが放映された。同じ年代だから、皆興味津々で、すぐにもやってみたい雰囲気であり、若者に受け入れられやすい文化と感じた。

2　幼少期の運動—スキャモン曲線

藤井[92]によると、スキャモン（1930）はヒトの身体属性を大きく四つのパターン（一般型、神経型、リンパ型、生殖型）に分類することを提唱した。この四つの発育パターンを一種のモデルパターンと考え、それをフリーハンドによってグラフ化したものがスキャモンの発育曲線（スキャモン曲線）である。90年経た今日でもスキャモン曲線[93]は広く活用されている。しかし、四つのパターンの発育曲線に人の諸属性のすべてが分類されるのかは疑問で、実は現在までスキャモンの発育曲線は科学的な検証はされていないという（図27）。

発育曲線の中で特徴的な発育パターンを示す神経系型のパターンは、出生直後から急に発達し、4、5歳までには成人の80%程度（12歳でほぼ100%）にも達する。12歳になる直前の数年間は、神経系の発達が著しく、さまざまな神経回路が形成されるという。

図 27　スキャモンの発育曲線 [92)]

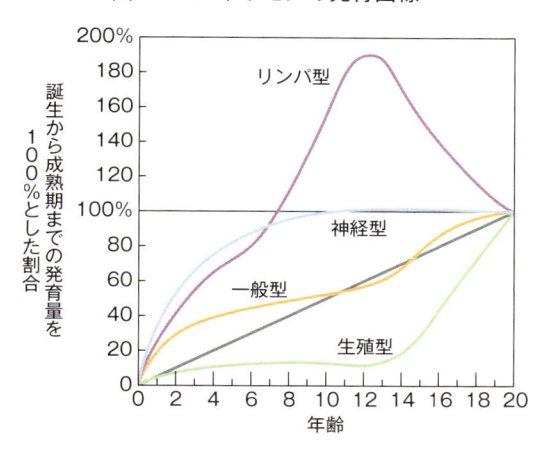

国立スポーツ科学センターより

　発育期を 3 期に分けると、プレ・ゴールデンエイジは 3〜8 歳で、運動能力の基礎が出来上がる時期で、器用さ、リズム感、バランス感覚などを習得しやすい。ゴールデンエイジは 9〜12 歳で、複雑、高度な技術を習得しやすい時期である。ポスト・ゴールデンエイジは 13〜16 歳で、この時期は身体成長期であるため筋力や体力を付けるのに適している（専門家によりこれらの年齢には 1〜2 歳の幅がある）。

　山口 [95)] は、ゴールデンエイジで獲得した動きや運動能力を中学校・高等学校でさらに伸ばし生涯スポーツにつなげることをすすめ、大切なことを身につけるためには早くからスポーツに親しみ、“続けること”としている。トップアスリートの大半は、プレ・ゴールデンステージから始め、熱中している。赤児に近いほど学習能力が高いことも関係すると考えられる。

　斎藤 [94)] は、少子化が進む社会でスポーツを継続するためのカギに「大人の理解とスポーツができるスペースの確保」をあげた。これは、山口の「大人は子供たちに運動・スポーツをする環境を十分に提供しているかの問に、日本は、残念ながら外遊びできる環境ではない」との回答と共通する。ただし、学校体育の役割が増大しているとのお説にはいささか疑問がある。体育嫌いを減らせない日本の学校体育に子供たちのゴールデンステージを任せていて明るい未来があるのだろうか。部活からも離れ、地域への移行を鋭意進めつつある。

　青少年の人口減少に伴ってスポーツにも人口が減少傾向の種目がある。また、小・中男子の体力低下は、コロナ禍が拍車をかけたとも言われ、肥満割合も最大となり運動の意義付けが必須となっている。課題は山積みである。

　しかし、150 年前に福沢諭吉が提唱した「知育」「徳育」「体育」の教育三原則は、三つのバランスが取れた人材の育成であって、体育が抜きん出ることを戒め

ている。

　スマートフォンの長時間利用が高校生以下の低年齢層の発達に及ぼす影響を懸念する声も出ている。川島[97]は、仙台市の5〜18歳の児童生徒224人対象に3年間、脳の発達の様子をMRIで観察した。すると、スマホなどでインターネットを長時間使う子供たちの脳は、神経細胞の集積する「灰白質」や神経線維が集まる「白質」の体積があまり増えず、脳の発達に遅れが見られたという。

　内閣府の令和3年度調査では、10〜17歳の1日当たりのネットの平均利用時間は4時間24分と前年度から約1時間も増加した。脳の発達が阻害されれば、学力は上がらない。いつでもネットに接続できる社会は、子供の未来の可能性を奪うことにつながっているのではないかと問題提起している。ゴールデンステージの子供たちには由々しき問題である。ネットの時間を運動に置き替えたら劇的発展ができるのではないか、国は真剣に検討するべきである。

　人口の高齢化が注目されてから数十年が経つが、最近ではその対策として幼小児期から対処するべきと考えられている。子供の運動と「ロコモ」の関係[98]をコラム㉓にまとめたのでご参照いただきたい。

　子供の体力低下が課題となっている反面、指導の行き過ぎが問題となっていることもある。例えば、柔道全国小学生学年別大会を平成4年から廃止することになった。その理由について「小学生の大会において行き過ぎた勝利主義が散見される。心身の発展途上にある小学生が勝利至上主義に陥ることは、好ましくない」

コラム㉓

子供の運動と「ロコモ」の関係

　要支援、要介護の原因にもなる「ロコモ（ロコモティブシンドローム）」の予防は、人生100年時代の課題になっている。最近注目されているのが、子供の運動と「ロコモ」の関係である。子供時代に運動やスポーツをする習慣を身につけておくことがロコモ予防の重要なカギになる。骨の成長と密度を高めるには男女とも成長期の十代が最も効率的。骨の硬さはカルシウムによるもので、しなやかさはタンパク質による。ビタミンDは丈夫な骨をつくるのに不可欠である。

　運動は、荷重刺激が不可欠。運動は好きになれば楽しくなり続けることができる。そのため子供時代に運動嫌いをつくらないことが重要である。しかし、日本には外遊びする環境が少なく、体育館のような施設ができたとしても、施設を使いこなすために必要な指導者が足りていないのが現状で、それも解決しなければならない課題である。

と全柔連は説明している。ただし、その背景の一つには柔道の人気低迷がある。平成 18 年登録数 20 万人が令和 2 年には 12 万人と 4 割減となり、小、中、高はいずれも半減していた。強さだけでない柔道の醍醐味を教えることが、柔道の人口を増やし、ひいては世界レベルで通用するような選手を生み出す道筋にもなるとしている[96]。

3　高齢者の運動「80GO」（ハチマルゴー）—ロコモとフレイル

　2022 年 4 月、日本医学会連合（57 学会、23 団体）より関連学会・団体の領域横断的な取り組みとして「フレイル・ロコモ克服のための医学界宣言」[99]が発表された。その内容をコラム㉔に掲げた。

　「フレイル」は 2014 年日本老年医学会が提唱した概念で、高齢者の生活機能が低下し、さまざまなストレスに対して脆弱になった状態を指す。この概念の特徴は、筋力などが低下した「身体的フレイル」だけでなく、認知機能が低下した「精神・心理的フレイル」、そして孤立や閉じこもりの「社会的フレイル」を加えた三つから構成されていることである。

　「ロコモ（ロコモティブシンドローム）」は 2007 年日本整形外科学会が提唱した概念で、骨や関節、神経、筋肉などの運動器の障害が原因となって移動する状態が低下した状態を指す。

　フレイルは活動的な生活をしている状態（健常）と要介護の間の状態であり、さらにその手前の軽い状態を「プレフレイル」（フレイルの予備状態）と言う。フレイルには自覚症状がない場合も多い。フレイルの特徴には、①疲れやすくなる、②活動量が少なくなる、③筋力が低下する、④動作が遅くなる、⑤体重が減

コラム㉔

フレイル・ロコモ克服のための医学界宣言［日本医学会連合］

1　フレイル・ロコモは、生活機能が低下し、**健康寿命を損ねたり、介護が必要になる**危険が高まる状態です。

2　フレイル・ロコモは、適切な対策により**予防・改善**が期待できます。

3　私たちは、フレイル・ロコモ克服の活動の中核となり、一丸となって**国民の健康長寿の達成に貢献**します。

4　私たちは、フレイル・ロコモ克服のために、国民が自らの目標として実感でき実践できる活動目標として**80 歳での活動性の維持を目指す**「**80GO（ハチマルゴー）**」運動を展開します。

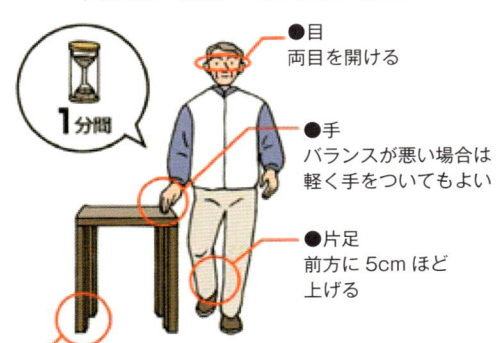

図 28a　開眼「片脚立ち」訓練

●目
両目を開ける

●手
バランスが悪い場合は
軽く手をついてもよい

●片足
前方に 5cm ほど
上げる

1分間

転倒しないように、机やイスなど、
必ずつかまるもののある場所で行う

片脚ずつ交互に行う。右足立ちで 1 分間＋左足立ちで
1 分間。朝昼晩、1 日 3 回を繰り返す。高齢者は机や平
行棒につかまりながら行う。転倒に注意すること。
・方足立ちは両足立ちに対して 2.75 倍の負荷がかかる
・1 分間片足立ち訓練＝約 53 分間歩行に相当

図 28b　「スクワット」体操

足幅を腰幅より広めに取り、股関節、膝、足首の関節
を連動させて動かす。無理をしない範囲で 4〜8 回行う。
高齢者は、両手で机や平行棒につかまりながら行う。

る、があり、これらの五つのうち、三つ以上に該当する場合がフレイル、1〜2
に該当する場合がプレフレイルである。

　オーラルフレイルは、滑舌低下、食べこぼし、わずかなむせ、噛めない食品が
増えるなど些細な口腔機能の低下から始まる。早めに気付き対応することが肝要
である。オーラルフレイルは全身のフレイルと密接に関係する。

　ロコモかどうかは次の三つのテストで判定する。すなわち、「立ち上がりテス
ト」「2 ステップテスト」「ロコモ 25」で、これによりロコモ度 1、2、3 度を判定
する。ロコモも早く対応すれば回復が可能で、日本整形外科学会が紹介している
ロコトレ[100]（ロコモショントレーニング）（図 28）が有効である。これは「片脚
立ち」と「スクワット」という二つの運動で構成されていて、家の中にいながら
気軽に取り込むことができる。習慣化すれば筋力を高めてバランス能力をつける
ことができるので、続けていると階段ののぼりが苦にならなくなるはずである。

　日本整形外科学会は昨年、移動の健康度を測るための「ロコモ年齢」という尺
度を発表した。スマホで専用ページにアクセスしてロコモ度テストを受けること
でロコモ年齢を算出できるので気軽に試していただきたい。

　さらに、国民の一人ひとりが自分自身のビジョンとしてフレイル・ロコモを克
服した社会を思い描けるよう、前出の日本医学会連合により「80GO（ハチマル
ゴー）」が提案された[101]。これは 80 歳で歩いて外出しているという意味で、車
いすを使って暮らしている方の場合は、車いすを自分で操作して外出していると
いうことである。

4　スポーツ界における DX

　第三期スポーツ基本計画[102] の政策目標に、スポーツ界において「デジタル・トランスフォーメーション（DX）」を導入することで、さまざまなスポーツに関する知見や機会を国民・社会に広く提供することを可能にし、スポーツの「する」「みる」「ささえる」の実効性を高める、というものがある。

　現状として、デジタル技術およびそれによって得られたデータを活用することで、スポーツ観戦を中心とする「みる」分野におけるエンターテインメント性の向上、「する」分野における新たなスポーツの創造、教える分野における教授法の改革等が進展しつつあるとしているが、まだ、具体的な成果は見られていない。しかし、これは近未来のスポーツ界存亡をかけ避けて通れない政策である。

　岡田[103] は、すでに体系化して実用化してきた「16 歳以下のサッカー選手を対象にした指導方法『OKADA METHOD』」について、NEC の協力のもと ICT（情報通信技術）AI（人工知能）を駆使し、「多様性（多様な価値観やニーズへの対応）」と「可変性（絶えず変化する状況への柔軟な対応）」をキーワードとしてデジタル化を進め、総合的な育成支援プラットフォームに発展させた。そして、16 歳までに「OKADA METHOD」の原則集を身につけさせて後は自由に発展させるという。

　「OKADA METHOD」とは、FC 今治が目指す「サッカースタイル」を実現させるための方法論で、「プレーモデル」と呼ばれる原則を軸に、トレーニングプログラムやコーチング理論、KPI（Key Performance Indicator：重要業績評価指標）による評価方法などを組み合わせたものとなっている。

　従来できなかった情報の共有が、DX 化で全員瞬時に共有できるようになった。DX がもたらすメリットは、①知の共有化、②知の合理化、③知の融合だという。育成支援プラットフォームのポテンシャルは、地域社会の医療、教育、福祉、文化、スポーツ、経済など多くのカテゴリーを束ねながら地域コミュニティー全体を活性化し新たな「価値」を創出していく基盤を提供するとされ、非常に大きな期待が寄せられている。

第6章　スポーツ・運動療法

1　整形外科医のすすめるスポーツ・運動（療法）をなぜやらないのか、続かないのか

　中村[115]は、運動器の慢性疼痛に対する疫学調査を 2010〜2012（平成 22〜24）年にわたり実施した。その結果、慢性疼痛の有症率は 15.4% で、男性より女性に多く、30〜50 代が他の年齢層より高かった。疼痛部位は、腰、頸、肩、膝とその周囲に高頻度に見られた。有症者の 42% が治療を受けており、その内訳は医療機関が 19%、民間療法が 20%、その両方が 3% で、治療期間は 1 年以上が 70％と長期化していた。症状の改善は約 7 割の有症者に見られたが、残り 3 割は、不変または悪化しており、治療に対する満足度は低かった。運動器の慢性疼痛は有症者自身の身体および精神的健康、さらには周囲の人々の社会生活にも影響を与えることが明らかになっている。

　また、中村は縦断的研究により慢性疼痛有症者の約 6 割で疼痛は持続していることがわかったとし、慢性化した要因としては、従来の治療に対する満足度の低さ、神経障害性疼痛や心因性疼痛に対する適切な治療が行われていなかった点と、有症者の運動器慢性疼痛に対する認識の甘さが考えられる、とする。そして、運動器の慢性疼痛に対する治療体系の早急な見直しと国民への啓蒙運動が重要であると述べている。

　本来、ヒトは動くもの、すなわち "動物" であるから動き続ける宿命にある。確かに、健康維持のために運動が必要であることに異論はなさそうである。

　では、スポーツ・運動療法はどこまで有効か。これは 2016 年、「成人病と生活習慣病」の特集[104]で参加させていただいた雑誌社の座談会のテーマである。私見を述べさせていただいたが、核心の答えにはいたらず気になっていた。**問題は、我々医療者が勧めるスポーツ・運動療法が十分に受け入れられず、継続されていないという事実である。**

　ここで、まず座談会のテーマである "スポーツ・運動療法" の用語を説明しておきたい。この語は「スポーツ・運動・運動療法」とした方がわかりやすい。"スポーツ" は、「勝敗を競う目的で行われる身体運動の総称」で、「楽しむ目的で行われる身体活動の総称」という意味もある。"運動（身体運動）" は、「ある目的のために自ら身体を動かす」という意味で、健康維持やダイエット、ストレス解

消などの目的に応じたさまざまな種類がある。"スポーツ・運動"は健常者の健康維持・高齢者の平均寿命・健康寿命の延長に関与する。

"運動療法"は，急性疾患の回復期のみならず、慢性疾患有病者・有症者に対する社会復帰、さらに健康寿命の延長のための重要な治療方法の一つである。

運動器疾患を主として扱う整形外科では、治療・健康維持増進のためスポーツ・運動に関わる機会が多い。日常外来で、スポーツ・運動療法を処方しても、一般的に言って、予測通り実施されていることはむしろ少ない。

その原因として考えられるのは、スポーツ・運動の効果を獲得するにはかなりの時間がかかること、実行する患者に時間的ゆとりがないこと、種目によっては生活にもゆとりが必要である等の条件があること、そして、最も大事なことは、**スポーツ・運動療法は、任意、自主性、自発的スタートで、"楽しむ"が基盤にないと身につかないのであり、押し付けは受け入れられないことに医師が気付いていないことである。**

この問題を解決するためには、帚木 [105] の negative capability を理解する必要がある。positive capability の教育を受けてきた医師は、positive capability で解決できなくなった時立ち行かなくなる。その解決策が negative capability なのである。帚木は、「詩人キーツが、シェイクスピアは negative capability を有しているとしていた」という例を示し、「それは事実や理由をせっかちに求めず、不確実さや不思議さ、懐疑の中にいられる能力」であるとしている。

能力と言えば、通常は何かを成し遂げる能力を意味する。しかしここでは、何かを処理して問題解決をする能力ではなく、そういうことをしない能力が推奨されているのである。

つまり、相手を本当に思いやる共感に至る手立てとして、スポーツ・運動療法を押し付けるのではなく自己解決を誘導して待つということである。

スポーツ・運動を好きになるまでには、努力したとしてもそれなりの時間がかかる。失敗の繰り返しをその都度乗り越えることは必要不可欠である。好きになれば、好きなことをする時間が楽しくなり、続けやすくなる。まして、運動療法が楽しい人はまずいない。有症者が運動療法を自分自身のためになると納得するまで寄り添って待つことである。たとえ、それが優れた運動療法だとしても、パンフレットを渡すだけでは、有病者・有症者がその運動療法に取り掛かることは絶対にあり得ない。パンフレットの動作を目の前で実践して、有症者が自己効力感を感じることが最大のポイントである。近年の電子カルテ普及後の「聞かない」「見ない」「触らない」の診療風潮に、運動器の運動療法はそぐわない。リハのスタッフの支援は欠かせないものである。

しかし、整形外科医の直接の介入がないと運動療法は成り立たない。有症者が自己効力感を入り口として没入感、自己達成感にたどり着けば最も重要な継続を

コラム㉕

運動習慣のある、なし

　運動習慣があるとは、「1 回 30 分の運動を週 2 回以上実施し、1 年以上続けている」ことを指す。"習慣"のある男性は 31.8％、女性は 25.5％（2018年度厚労省調査）である。運動は始めやすいが、継続が難しい。運動を習慣化する四つのコツが紹介されている[106]。
1.　目に見える結果をつくる
2.　小さな達成感を励みにする
3.　日常の習慣や他人との約束事と結び付ける
4.　楽しみと結び付ける

　手にすることができる。運動療法は運動器を扱う整形外科に最重要課題であるばかりでなく、後述する観点から他科からも注目されて来ている。本章のはじめに述べたように、有症者の受診率は、医療機関より民間療法が勝るという。スポーツ・運動を必要とする人たちが整形外科から逃げ出さないように願いたい。

　運動習慣の提案[106]（コラム㉕）もある。以上一般論について述べた。

　以上のことに対して、「競技スポーツ」のアスリートのリハビリテーションは選手生命がかかっている。ゆえに、復帰・向上への目標が確固であるからすべての問題を凌駕し継続できるのである。

2　運動療法の最新の知見

　先ず、「ルーの法則」とは、生理学における基本法則であり、現代のスポーツや体育のトレーニング、運動療法においても用いられているものである（Wilhelm Roux 1850〜1924）。その法則は、要約すれば「筋肉は使わなければ退化し、適度に使えば維持・発達するが、過度に使えば障害を起こす」である。その内容、「三つの原理と」「五つの原則」をコラム㉖にまとめる。正しい知識を身につけて安全で効率的なトレーニングを実施したい。

ルーの法則

【3つの原理】

①過負荷の原理：日常欠けている一定以上の負荷を体に与えることで、機能が向上するという原理。

②特異性の原理：トレーニングで刺激した機能だけ効果が表れるという原理

③可逆性の原理：トレーニングで得られた効果も止めてしまうと徐々に失われる原理

【5つの原則】

①意識性（自覚性）の原則：トレーニングを行う目的をしっかり理解した上で目標を儲けて意識をしながら取り組まなければならない。

②全面性の原則；全身をバランスよく鍛えることが重要である。

③漸進性の原理：トレーニングの強度、両、難易度は発達に合わせて段階的に増加またはレベルアップさせなければならない。

④個別性の原理：個人の特性や力量に合わせたトレーニングをする。

⑤反復性（継続性）の原理：トレーニングを継続的に（反復して）行うことでより効果が得られる。

運動療法の基本と最新の知見について志波[107] は、運動療法の、全身の臓器に好影響を与えるクロストークについて、整形外科やリハビリテーション科ではなく、むしろ循環器病や肝臓病を専門とする内科系の多くの診療科で注目され、多くの研究が行われている、と語っている。そして、クロストーク、ポリビル、パラクラインと、運動により骨格筋からのいわゆるマイオカインの分泌、すなわち骨格筋が内分泌臓器として捉えられ、運動の全身への効果が注目されていると述べた。これは半場[21)22)] が、生命・炎症・姿勢につながる骨格筋の生理学、すなわち内分泌臓器として捉えていることに共通する。他方、志波[107] が実施した宇宙実験結果から、メカニカルストレスが局所の骨格筋系維持のためには極めて重要な役割を果たすことが示唆された。志波は、運動器の維持・増強にはメカニカルストレスは不可欠であり、抗重力下での運動実施の重要性が再認識されたと述べている。

吉田[116] は、すでに20余年前の書『構造医学』のサブタイトルを「自然治癒のカギは重力にある！」としている。自然治癒力（自己修復能力）とは、非生理的な状態から生理的な状態に自分で戻る能力、つまり、ある基準から逸脱した時にその基準に戻る力と言える。その絶対的基準とは、地球上の生命である限り、重

力（生理重力線）以外考えられない。こう考えると人類にとって歩行（生理歩行）がいかに大切かわかるだろう。現代の、自ら動く、移動するという人類にとって生理性を保つことが難しくなってきている社会に対し、問題提起として書を著したと吉田は述べている。

3　スポーツ・運動（療法）継続の方法

　運動療法が外傷の他、慢性痛に有効であることはわかってきたが、運動療法をいかに継続させるかが課題である。その解決策として民間の技術の開発・改良が鋭意進められている。

　その一つの例にニンテンドースイッチ用のソフト「リングフィットアドベンチャー（RFA）」がある。佐藤ら[108]は、無作為に選んだ慢性腰痛患者 20 人（平均年齢 49 歳）を対象に RFA を週 1 回 40 分使用してもらったところ、8 週間後に腰痛、臀部痛が有意に改善し、痛みへの自己効力感も向上したと報告している。対照群の患者 20 人（同 55 歳）には内服治療を行ったが、こちらは有意な改善は見られなかった。以上の結果は国際専門誌に掲載された。共同著者の清水は、任天堂のプレーヤーをゲームに夢中にさせる技術が優れていると言い、また RFA にはエアロビクスの有酸素運動、筋力トレーニングなどの無酸素運動、呼吸と筋肉の弛緩を重視するヨガなどのあらゆるタイプの運動が取り入れられていて、全身運動により身体の筋肉や関節の血流が増したりした結果、痛みを改善させた可能性、および心理面の効果としてゲームへの没入感や各ポイントのクリアによる達成感など自身の運動を原動力とした成功体験が脳のドーパミンシステムを改善し、自覚していた疼痛が緩和した可能性があると述べている。RFA の卓越したゲーム性により、汗をかきながらもゲームのストーリーに引き込まれ、さまざまな難所をクリアしていくことで脳内の報酬系が働き、つらい運動を驚くほど持続させる稀有なデバイスであるという。

　ただし、他のフィットネスゲームとの比較はされておらず、いくつかの問題点はあるものの、筆者も試用してみて、60 あるプロトコルから年齢、体力等に合った最適なストーリーをつくることができればさらなる発展を期待し得ると感じた。

　もう一つの例が、民間のフィットネスのカーブス[109]である。カーブスはゲイリー・ヘブン（アメリカ）により 1992 年に設立された施設である。糖尿病で死去した母親が家事ばかりで運動の習慣がなかったことを悔やみ、運動ができない人たちのためにつくった女性専用の施設で、日本に移入されたのは 2005 年という。2020 年には全国 2,000 施設に拡張した。

　カーブスでは 1 回の所要時間は 30 分と決まっている。12 台（上、下肢、体幹

用）の油圧式マシーンを2周し、その後ストレッチングを行う[110]。週2回以上がおすすめという。

本来、マシーンのトレーニング自体に"楽しむ"は期待できないはずで、運動療法最大の課題は如何に「継続」できるかであるが、カーブスでは、次のような条件がそろっている。まず、女性は男性より好奇心が旺盛であり、新しいことを始めやすい。また、日常生活における30分は都合をつけることのできる時間である。そして、1台に係る時間が短いと、もっと続けたいと思わせる心理的効果がある。この自己効力感に加え、女性の特技"おしゃべり"でお友ができやすいことがある。さらに、カーブスの長期継続には、減量・健康の維持・改善等の目標設定で、運動量が自分に合っているというポイントがある。

【付録】

ストレッチ体操のすすめ [131]

国民の日常生活で愁訴の多い順に10%に腰痛があり、さらに約10%に肩こり、次に膝関節痛がある。

ヒトは動くもの、動物であるから、動く宿命にある。ところが、文明社会の進歩に伴い、too much sitting の状態になりつつある。その結果、上記愁訴が出やすくなる。座位では、身体は前傾し、頭は前屈し続ける。ヒトはこのような悪い姿勢を長く続けられる構造にはなっていない。どの程度までなら座り続けてもいいのかの目安は、小学生の授業時間と思えばよい。1時間で必ず立ち上がる。軽くてよい。ストレッチ体操を試していただきたい。数を増やせればなおよい。

ところで、ヒトは正しい姿勢をとり続けられるか。その答えは「ノー」である。正しい姿勢とは、ヨガの立ち位、座位の基本姿勢のことである。この基本姿勢ではほとんどすべての仕事ができない。そこで反対に、不良姿勢をとり続けないことが肝要である。図30をご覧になって、仕事の合間にストレッチ体操、膝の可動域訓練を試してみていただきたい。フルコースは、仕事前、昼休みなどにどうぞ。

ストレッチの注意点は、①反動をつけない、②息を止めない、③無理をしないことである。良いストレッチの概念を理解するための図は、筋肉の結合組織に実行可能なストレッチを示したものである。最初は「楽な伸展（easy stretching）」、次に「発展的伸展（developmental stretching）」を行うことで、柔軟性は自然に向上することに気づかれるであろう。気持ち良く、痛みを伴わない正しいストレッチングを規則正しく行うことによって、現在の限界を越えて、個人の持つ限界まで機能を高めることができる（図29）。[131]

20周年改訂版[132]に PNF "proprioceptive neuromuscular facilitation（固有受

容性神経筋促進手技)”を用いたストレッチのうちコントラクト―リラックステクニックと拮抗筋を利用したコントラクト―リラックステクニックが追加された。興味ある方は参照いただきたい。

図 29　よいストレッチの概念

図 30　各部位のストレッチ体操

A. 頸・肩のストレッチ

1 肩を回す・肩の上げ下げ

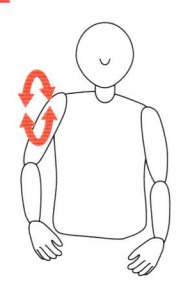

①肩を前後に回す。
②3〜5回程度で左右均等に回す。

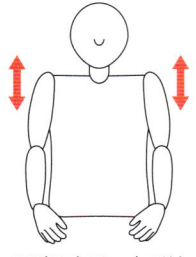

①両肩を上下に動かす。
②3〜5回程度繰り返す。

※デスクワークでは、少なくとも1時間に1回は目線を上げて肩を動かすこと。

2 前方へのストレッチ

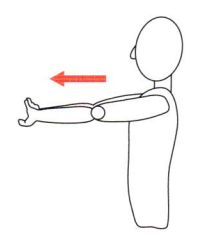

①前方で手を組む。
②手のひらを前方に向けて段々と伸ばす。
③息を止めずに、10秒間続ける。
④深く息を吸い最後にギュッと。

3 後方へのストレッチ

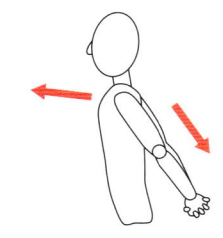

①後ろで手を組む。
②腕を段々と伸ばし、胸を張る。
③息を止めずに、10秒間続ける。
④深く息を吸い最後にギュッと。

4 上方へのストレッチ

手の組み方

①頭上で手を組む。
②上に向けて段々と伸ばす。
③息を止めずに10秒間続ける。
④深く息を吸い最後にギュッと。

5 左右へのストレッチ

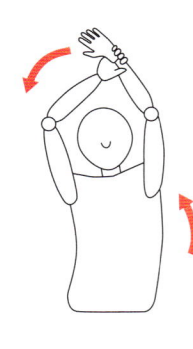

①頭上で片方の手首を持つ。
②持った反対の方向に段々と伸ばす。
③息を止めずに10秒間続ける。
④左右同様に行う。
⑤深く息を吸い最後にギュッと。

6 肘を持った左右のストレッチ

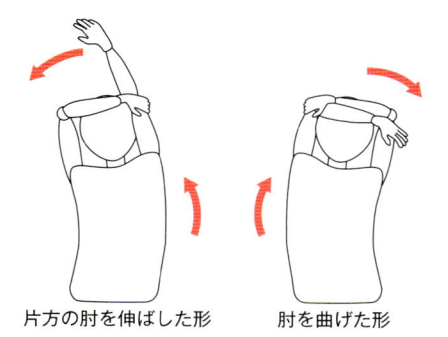

片方の肘を伸ばした形　　肘を曲げた形

①肘を持ち、持った方と反対に体を横に倒す。
②段々と伸ばす。
③息を止めずに 10 秒間続ける。
④深く息を吸い最後にギュッと。
⑤左右同様に行う。

7 肘を持った左右のひねり

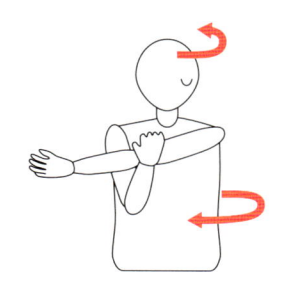

①片方の腕をまっすぐに伸ばす。
②伸ばした腕の肘をもう片方の腕でかかえる。
③段々と体に引き寄せる。
④息を止めずに 10 秒間続ける。
⑤深く息を吸い最後にギュッと。
⑥左右同様に行う。

8 頸と肩のストレッチ

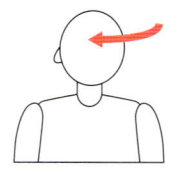

頭を前に倒す　　　　頭を後ろに倒す　　　頭を横に倒す（左右とも）　　後ろを振り向く（左右とも）

B. 腰のストレッチ ［1］臥位のストレッチ

1 両膝のかかえこみ

①両膝を同時に抱えこむ。
②膝が胸につくように、段々に引き寄せる。
③息を止めずに、この姿勢を10秒間続ける。

④次に、深く息を吸い、その息を吐きながら頭を持ち上げ、背中を丸くして、膝を胸にさらに近づける。
⑤この姿勢を10秒間続ける。

2 片膝のかかえこみ（左右それぞれ行います）

①反対の脚は伸ばしたまま、片脚を抱えこむ。
②膝が胸につくよう、段々に引き寄せる。
③息を止めずに、この姿勢を10秒間続ける。

④次に、深く息を吸い、その息を吐きながら頭を持ち上げ、背中を丸くして、膝を胸にさらに近づける。
⑤この姿勢を10秒間続ける。

3 腰のひねり

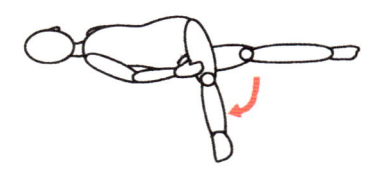

①仰向けの姿勢で、片方の脚が反対側の脚を越えるように交差させる。
②同側の手を膝にあて、顔は反対側に向ける。
③息を止めずに、この姿勢を10秒間続ける。

④交差させた脚の膝を伸ばす。
⑤息を止めずに、この姿勢を10秒間続ける。

4 背中の反り返り

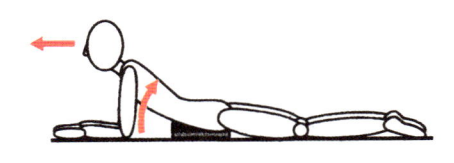

①うつぶせになり、おなかの下に枕をはさむ。
②顔を前に向ける。
③両肘をつき上半身をそらして10秒。

④両肘を伸ばし、さらに上半身をそらす。
⑤息を止めずに、この姿勢を10秒間続ける。

B. 腰のストレッチ [2] 座位のストレッチ

●椅子に座って行うストレッチ（左右それぞれ3セットずつ行う）

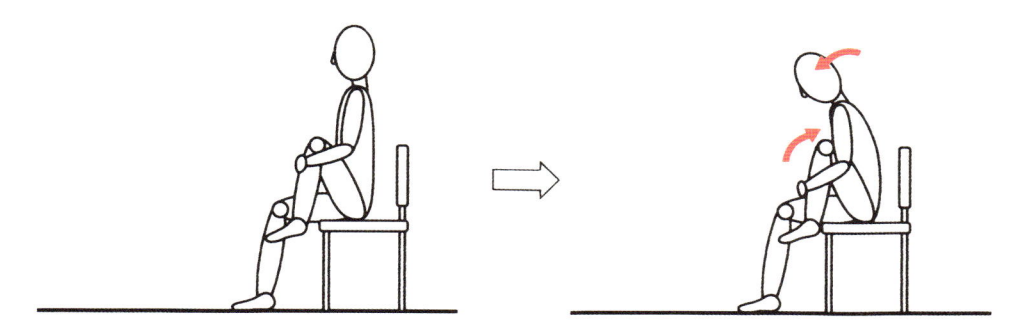

①腰をかけて片膝を胸に、段々と引きつける。
②息を止めずにこの姿勢を10秒間続ける。

③次に、深く吸った息を吐きながら、へそをのぞくようにして膝と胸をさらに近づける。
④この姿勢を10秒間続ける。

[3] 立位のストレッチ

●立って行うストレッチ

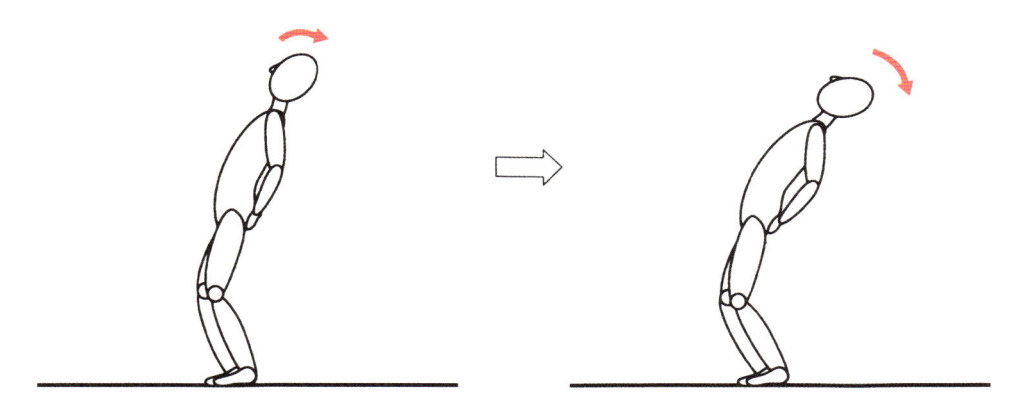

①立った状態で、手をお尻に当て、上半身を後ろに反らす。
②息を止めずにこの姿勢を10秒間続ける。

③深く息を吸い、その息を吐きながらさらに後ろに反らす。
④この姿勢を10秒間続ける。

C．膝の体操 ［1］可動域訓練

1

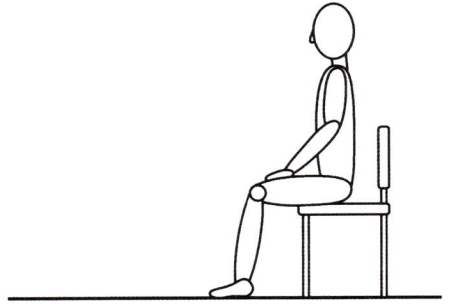

①椅子に浅く座る。

2

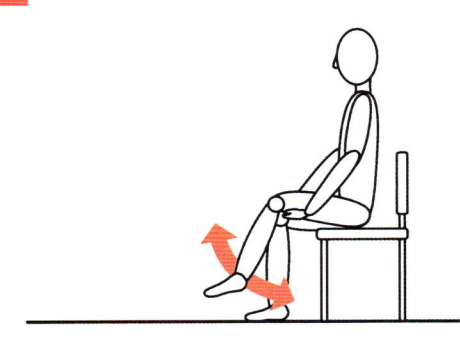

②患肢の膝下で両手を組み、上半身を起しながら
　太ももを持ち上げる。踵は床から浮かす。
③膝をブラブラ屈伸する可動域訓練を行う。
　徐々に可動域を広げる（3～5分）。

3

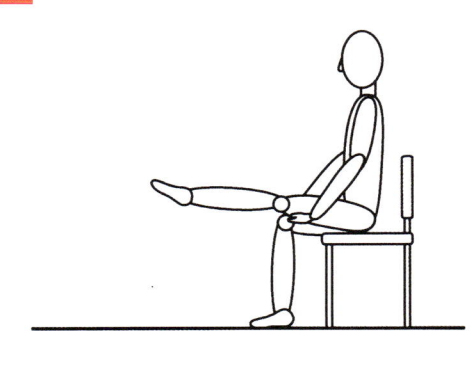

④しっかり伸展位で止め、保持する（10～20秒）。
　③、④を（2～3回）繰り返す。
　反対側も同様に訓練する。
　1日2セットを行う。

C．膝の体操［2］大腿四頭筋ストレッチ（座位）

1

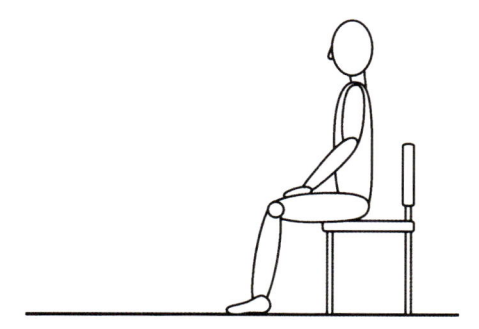

①椅子に浅く座る。

2

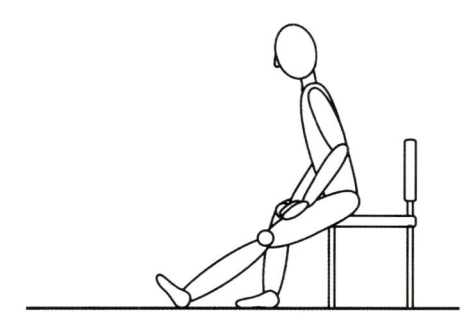

②片側の膝を伸ばし踵をつける。
　反対側の膝は曲げて足底をつける。
③両手を重ねて、伸ばした方の膝上に置く。
　押さえつけない。

3

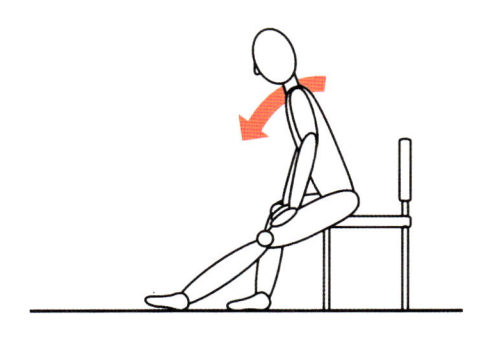

④上半身を前傾させた姿勢を保つ（10～20秒）。
　息を止めない。徐々に膝裏の伸びを実感できる。
　さらに前傾を強める。手は決して押し付けない。
　伸展位をさらに強化できる（10秒）。
　反対側も同様に訓練する。
　1度に2～3回繰り返し、1日2セットを行う。

C. 膝の体操 ［3］大腿四頭筋ストレッチ（立位）

1

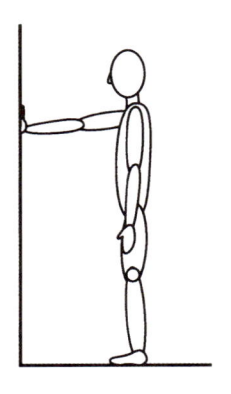

①壁に向かって立ち、片手を壁につく。

2

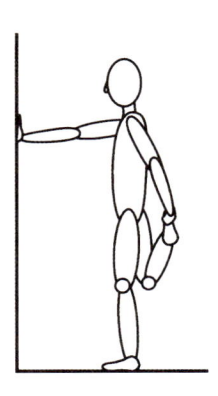

②もう片方の手で反対側の足指を引き寄せる。

3

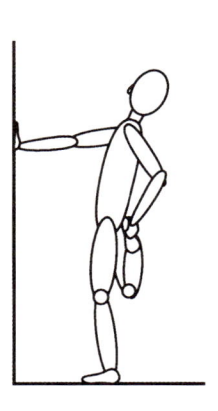

③踵が臀部についたら、ゆっくり身体を軽くそらせる。

C．膝の体操［4］大腿四頭筋ストレッチ（臥位）

1

①先ず座位をとる。健側の膝を伸展し、患肢の膝を曲げる。
　膝は広がらないように。
　足は臀部に寄せて、膝は浮かないように。

2

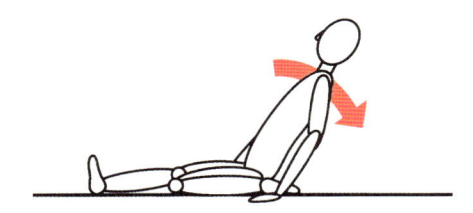

②上半身を徐々に後ろに倒す。
　無理をしないように。

3

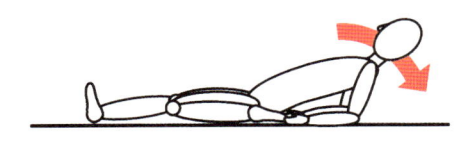

③両手で支える（10秒）2〜3回繰り返す。
　1日2〜3セット行う。

終わりに

　明治維新後に西洋から流入したスポーツはいまだに大衆化していない。そのために、80%の国民は運動不足と感じている。その主因は、「忙しい毎日の生活に追われて運動をする時間がとれない」「生活にゆとりがない」ためである。言い換えれば「生活活動」に追われて「余暇」が足りないのである。スポーツ・運動は、非日常すなわち「余暇」にするものである。国のなすべき施策は、①に、余暇時間を増やすこと、すなわち、過剰の労働時間を適正化することである。日本人は外国人に比べ働き過ぎている。②に、経済的余裕を持たせることである。有給休暇が外国人より少なく、給与が増えていない。③に、スポーツの施設、用具を整備することである。以上の改善に努めれば必ずやスポーツ人口は増加し、国民の生活は豊かになる。さすれば、国民の望むスポーツ＆ヘルス・フォア・オールが実現し、本当のスポーツ立国となるのである。期待したい。

　ところで、本書の執筆中、甲子園球場において全国高等学校野球選手権大会の決勝戦に進出した同門の後輩たちが、エンジョイ・ベースボールで究極の優勝を勝ち得た。

　本書の中で何度も強調したように、スポーツの基本は"楽しむ"である。ワンチームで追い求めた上での107年ぶりの優勝であるから、心から感動した。

　「高校野球の新しい姿につながる勝利だったと思う」と試合後監督が述べている。

　「エンジョイ・ベースボール」という考え方は、昭和初期に日系人の腰本慶應義塾大学監督が「日本の野球はあまりにも修行のようで武道みたいになっている。もう少し楽しくやっていいじゃないか」との自身の考えを「エンジョイ・ベースボール」という言葉を使って表現した。その後、それを前田監督が野球界に広めようとした。その際、高校野球にも新しい風を吹き込むようにと言われ、上田前監督がそれを引き継いで「エンジョイ・ベースボール」を掲げ、さらに、森林現監督が進化させているという長い歴史があるという。スポーツの基本である自主性を重んじ、本質的なことを求め続けることで力が湧いてくるのである。

　逆境に立ち向かえるようになるためのスーパーブレイントレーニングの手法も近年取り入れ、野球を楽しむ精神につながっているとも言われる。野球を「全力で戦い、常に相手を称える」がベースにある。どんなチームでもいつも勝ち続けるようなわけにはゆかない。とりわけ神奈川県のように強豪校が多数ひしめき合う中で勝ち抜き、19回も代表となり得たことは、大変な歴史である。帰郷後、監督が選手たちに「甲子園優勝を人生最高の思い出にしないように」と語ったことが印象深い。これからもぜひ末永く野球を楽しんでもらいたい。

佐々木　正

著者略歴

佐々木　正（ささき・ただし）

1963 年　慶應義塾大学医学部卒業
1964 年　慶應義塾大学医学部整形外科学教室入局
1972 年〜1977 年　東京都済生会中央病院副医長
1976 年〜1982 年　慶應義塾大学医学部兼任講師
1977 年〜1982 年　川崎市立川崎病院整形外科医長
1982 年〜2016 年　佐々木整形外科院長
1989 年〜1998 年　都医健康スポーツ医学運営委員
1993 年〜1998 年　杏林大学非常勤講師
2016 年〜2018 年　東京都保健医療公社大久保病院（非常勤）
2016 年〜　医療法人社団慶洋会ケイアイクリニック（非常勤）

資格・免許

1964 年　医師免許取得
1971 年　医学博士学位取得

認定資格

整形外科専門医
日本整形外科学会認定
　　脊椎脊髄病医（2004 年〜）
　　リウマチ医（1985 年〜）
　　スポーツ医（1986 年〜2023 年）
　　運動器リハビリテーション医（2008 年〜2023 年）
リウマチ財団登録医（1997 年〜2023 年）

著　書

単著
『非特異性腰痛とは何か？ Primary Care 以前に知っておきたいこと』丸善プラネット、2017 年
『Casting Manual ―プラスティックキャストで何ができるか』丸善プラネット、20019 年
分担執筆
『脊椎の外科』医学書院、1981 年
『現代外科手術学大系 15 巻 A 脊椎』中山書店、1983 年
『臨床 X 線写真診断学大系 骨・関節 1 脊椎』新聞月報社、1984 年
『手技と処置』日経メディカル、1989 年

参考文献

1) 文部科学省：施策目標 11-2、生涯スポーツ社会の実現
   https://www.mext.go.jp/a_menu/hyouka/kekka/1285843.htm
2) 公益財団法人長寿科学振興財団健康長寿ネット：生涯スポーツとは
   https://www.tyojyu.or.jp/net/kenkou-tyoju/shintai-shumi/sports.html
3) HugKum（はぐくむ）：2023 年の「体育の日」はいつ？「スポーツの日」に変わったのはなぜ？ 祝日の由来や変更後の日付をチェック、小学館
   https://hugkum.sho.jp/162027
4) 日本文化研究ブログ：体育の日が「スポーツの日」になったのはいつ？ 名称変更されたのはなぜ
   https://jpnculture.net/sportsnohi
5) スポーツ庁：第 2 期スポーツ基本計画（答申）（mext.go.jp）
6) スポーツ庁：―スポーツ庁が考える「スポーツ」とは？ Deportare の意味すること、DEPORTARE
   https://sports.go.jp/special/policy/meaning-of-sport-and-deportare.html
7) 中澤篤史：運動部活動は日本独特の文化である―諸外国との比較から / 中澤篤史、SYNODOS
   https://synodos.jp/opinion/education/12417/
8) スポーツ庁：令和 4 年度「スポーツの実施状況に関する世論調査」の結果について、
   別紙 1-20
   https://www.mext.go.jp/sports/b_menu/houdou/jsa_00133.html
9) 公益財団法人笹川スポーツ財団・藤岡成美：日本人の身体活動のいま― GPAQ の結果から読み解く、
   149
   https://www.ssf.or.jp/thinktank/sports_life/gpaq/01.html
10) 文部科学省：スポーツ振興法（1961.6.16）法律第一四一号
11) 文部科学省：スポーツ基本法（平成 23 年法律第 78 号）（条文）
    https://www.mext.go.jp/a_menu/sports/kihonhou/attach/1307658.htm
12) 公益財団法人笹川スポーツ財団：スポーツライフに関する調査報告書 2020、87、図 7-9 身体活動量と仕事・移動・余暇が占める構成比
13) 公益財団法人笹川スポーツ財団：スポーツライフ・データ 2022
14) 公益財団法人笹川スポーツ財団・鎌田真光：日本人の身体活動のいま― GPAQ の結果から読み解く
    https://www.ssf.or.jp/thinktank/sports_life/gpaq/02.html
15) 公益財団法人笹川スポーツ財団ライフスタイル：「WHO ガイドライン」達成率から見える、日本人の身体活動の実態―国民の約半数が身体活動不足
    https://www.ssf.or.jp/files/SSF_Release_20211209.pdf
16) 厚労省：「健康づくりのための身体活動基準 2013」及び「健康づくりのための身体活動指針（アクティブガイド）」について」―報道発表資料
    https://www.mhlw.go.jp/stf/houdou/2r9852000002xple.html
17) スポーツ庁：運動・スポーツ実施に係る各種目標・調査について
18) 青柳幸利：やってはいけないウオーキング、SB 新書、2016
19) 井上浩輔ほか：健康維持「1 日 8000 歩」週 1〜2 日でも死亡リスク低下、産経新聞 2023.3.31
20) 中村雅俊ほか：筋トレ、1 日 3 秒でも効果―手軽な運動療法開発へ、KYODO、2022.2.14
21) 半場道子：慢性炎症と整形外科、日整会誌、94：601-609、2020
22) 半場道子：慢性痛のサイエンス、医学書院、118-129、2018.1
23) 公益財団法人笹川スポーツ財団ライフスタイル：日本人の身体活動のいま― GPAQ の結果から読み解

く：その２─WHO 推奨基準の達成率と座位時間

https://www.ssf.or.jp/thinktank/sports_life/gpaq/02.html

24) スポーツ庁：「嫌い」を「好き」に変えるために～学習指導要領改訂〈小中学校・体育〉、DEPORTARE

https://sports.go.jp/special/policy/new-curriculum-guideline.html

25) Q life：身体活動／運動：身体活動・運動とは、医療総合 QLife

https://www.qlife.jp/dictionary/item/i_050315000/

26) 厚生労働省：Japan Physical Activity Research Platform、身体活動─e-ヘルスネット

https://www.e-healthnet.mhlw.go.jp/information/dictionary/ exercise/ys-031.html

27) 運動のトリセツ：https://body-rabo.com/performance/

28) 公益財団法人笹川スポーツ財団：スポーツとは何か─スポーツの歴史を知る、スポーツとは─スポーツ歴史の検証

https://www.ssf.or.jp/knowledge/history/sports/01.html

29) ベルナール・ジレ、近藤等訳：スポーツの歴史、白水社、1952

http://webcatplus.nii.ac.jp/webcatplus/details/book/199910.html

30) 阿部生雄：ジレの指摘を「スポーツの３要素」と呼び、研究の基本姿勢に置く

https://www.ssf.or.jp/knowledge/history/sports/01.html

31) SubeteNoKotae：スポーツの文化的内容とはどのようなものか？

https://subetenokotae.jp/article/8841

32) 提隆司：スポーツの概念と歴史について、テニス指導者.com

http://tennis-shidosha.com/category36/entry43.html

33) 提隆司：文化としてのスポーツについて、テニス指導者.com

http://tennis-shidosha.com/category36/entry44.html

34) 日本大百科事典（ニッポニカ）：生涯スポーツ

35) スポーツ協会：スポーツの意義と目的、スポーツ憲章 第１条、1986

http://www.skitottr.gr.jp/link/jpnama.pdf

36) 損保ジャパン：日本スポーツ史─明治維新と共に始まった近代スポーツ─

https://park.sompo-japan.co.jp/education/cm12053/

37) 秩父宮記念スポーツ博物館・図書館：日本のスポーツの歴史

https://www.jpnsport.go.jp/muse/siryo/tabid/141/Default.aspx

38) 東洋経済オンライン：為末さん、スポーツの目的って何ですか？ 勝利？ それとも、エンタメ性？─インパクト対談

https://toyokeizai.net/articles/-/12844

39) 黒田勇：メディアスポーツ20世紀─スポーツの世紀を築いたのは、スポーツかメディか、関西大学出版部、2021.3

40) DIAMOND online：なぜ日本人はスポーツを楽しめないのか？ 海外と比べた「異質さ」の原因─識者に聞く「幸せな運動」のススメ

https://diamond.jp/articles/-/290985?page=2

41) COACH UNITED：スポーツは、本当に「楽しむもの」になっているのか？、越智健一郎＆末本亮太ワークショップレポート

https://coachunited.jp/column/000118.html

42) 福岡孝純、谷本都栄：現代におけるスポーツの意義と役割、帝京経済学研究、帝京大学経済学会、41（2）（too 号 60）、145-154、20083

43) TAFISA─国際スポーツ・フォア・オール協議会：http://tafisa.org/jp

44）文科省：スポーツをめぐる現状と今後の課題、2012.5

45）DINF 生涯福祉保健福祉研究情報システム：生涯スポーツの実践と課題、ノーマライゼーション障碍者の福祉、1999 年 10 月号

46）スポーツ庁：組織案内、2015.5.10

47）文部科学省：第 5 章スポーツ庁の設置の検討に関するこれまでの経緯
https://www.mext.go.jp/component/a_menu/sports/detail/__icsFiles/afieldfile/2014/05/12/1347703_5.pdf

48）総務省統計局：社会生活基本調査─スポーツの種類別行動数、日本のスポーツ人口のランキング結果（20 歳以上）2022.3.26
https://www.stat.go.jp/data/shakai/topics/topi1040.html

49）donzu.net スポーツの雑学：世界のスポーツ競技人口を独自の視点でデータ化、分析（2019 年度版）、2023.5.28
https://donzu.net/economy-data/

50）イケジョ通信：プロとアマチュアの違いとは？ プロの定義
https://ikejo.net/pro-amateur-chigai-18807

51）CEO ブログ：プロとアマの違い 13 箇条「仕事」だけではない大切な考え方
https://attrise.blog/ceo/archives/4005

52）社会人の教科書：「ファン」「サポーター」の意味と違い
https://business-textbooks.com/fan-supporter/

53）Daily Boookmaker.com：オリンピックからアマチュア選手が消えた 3 つの理由、2021.3.20
https://dailybookmaker.com/basic/olympic-amateur/

54）アマチュアスポーツ問題「スポーツファンなら知っておきたい常識」
https://www.jeleni.net.amateur.html

55）永井康弘：スポーツにおけるアマチュアリズムの問題、島根大学論集、教育科学、島根大学、掲載通号 14、41-54、1965.03
https://id.ndl.go.jp/bib/000000010408

56）内海和雄：アマチュアリズム論─差別なきスポーツ理念の追求、創文企画、2007.3.1

57）お金のカタチ：世界の労働時間ランキング！ 日本の労働時間は世界と比べて長い？
https://venture-finance.jp/archives/33529

58）エクスペディア・ジャパン：世界 19 か国　有給休暇・国際比較調査、2018

59）慶應 Spirit とスポーツ①慶應義塾体育教育の理念、塾、NO313、6-9、WINTER 2022

60）山内慶太：福沢諭吉とスポーツ、第 70 回日本体育学会、2019

61）山内慶太：慶應義塾における体育観・スポーツ観の展開─福沢諭吉から小泉信三へ─、日本体育学会大会第 70 回予稿集、2019

62）米津光治：日本の学校体育の変遷と課題、生活科学研究 39、173-182、2017.3.30

63）大塚正美：体育の歴史と役割、城西国際大学紀要、城西国際大学紀要委員会編、城西国際大学、東金、137-145、2011.3

64）文部科学省：体育の目的の具体的な内容─すべての子どもたちが身に付けるべきもの
https://www.mext.go.jp/b_menu/shingi/chukyo/chukyo0/toushin/attach/1395089.htm

65）にほんご日和：【運動会】日本と海外にはこれほどにまで違いがある
https://haa.athuman.com/media/japanese/culture/2154/

66）スポーツ庁：学校体育・運動部活動

https://www.mext.go.jp/sports/b_menu/sports/mcatetop04/1371875.htm

67）朝日新聞 DIGITAL（フォーラム）:「体育嫌い」を考える

https://www.asahi.com/articles/DA3S15479363.html

68）朝日新聞教育ポータル EduA:子どもがスポーツ嫌いになる理由は? 苦手意識を持ちにくくするには? 専門家に聞く―学習と健康・成長―

https://www.asahi.com/edua/article/14379403

69）平尾剛:スポーツ庁が掲げる「スポーツ嫌いを減らす目標」が的外れな訳

https://friday.kodansha.co.jp/article/230821

70）松尾英明:運動嫌いを増やしてしまう学校の体育の常識、「全員できる教」が大問題の訳、「体育嫌い」なくす不親切教師的体育指導の勧め

https://toyokeizai.net/articles/-/637722

71）中沢篤史:「体育の授業」で運動ぎらいが増える? 日本の体育を考える①

https://tarzanweb.jp/post-272426

72）スポーツ庁:「嫌い」を「好き」に変えるために〜学習指導要領改訂〈小中学校・体育〉、DEPORTARE

https://sports.go.jp/special/policy/new-curriculum-guideline.html

73）スポーツクラブ or LIFE:なぜ運動が得意な子と不得意な子が生まれるのか?

https://sportsclub-forlife-hino.com/20181019

74）大矢、太田、伊藤、小木:日本教科教育学会第 36 回全国大会（2010.10）1-6

75）運動部活動の実態に関する調査研究協力者会議:運動部活動の実態に関する調査研究報告書、2002

76）公益財団法人笹川スポーツ財団・藤原直幸:ヨーロッパ諸国との比較、スポーツライフ・データ、59-63、2014

https://www.ssf.or.jp/thinktank/sports_life/topic_pdf/sld2014_topic_I.pdf

77）経産省の有識者会議:部活―スポーツ産業に、産経新聞、2022.9.29

78）文部科学省:見てみようスポーツ

79）スポーツ庁:一般社団法人大学スポーツ協会（UNIVAS）設立概要

https://www.mext.go.jp/sports/b_menu/sports/univas/index.htm

80）CSPark for STUDENS:大学スポーツは日本を豊かにする存在へと進化すべきだ

https://studens.cs-park.jp/topics/1

81）小林勝法:異見交論 36 大学生に「体育」は不可欠だ、教育ネットワーク

82）岡本純也:大学スポーツが抱える今日的問題、スポーツ研究、2004

https://www.rdche.hit-u.ac.jp/sports/2004okamoto.pdf

83）早稲田大学競技スポーツセンター:History and Overview、2003.4.1

84）t-news:徹底解剖! サークル・部活の違いとそれぞれの魅力（大学生活）、2017.03.01

85）産経抄:産経新聞、2021.8.1

86）清湖口敏:言葉のひと解き―体育とスポーツ、産経新聞、2019.10.4

87）徳育・知育・体育（合わせて三育）とは

https://manabitoya.com/about-san-iku#st-toc-h-2:

89）Seiko Heart beat Magazine:都市で行うアーバンスポーツとは? 種類 & 代表選手を解説

https://www.seiko.co.jp/magazine/article/00041.html

90）熊井司、寺本篤:整形外科分野のスポーツ医学Ⅲ、アーバンスポーツの飛躍（BMX、スケートボード）、日整会広報室ニュース 130、6、2022.7

91）西中直也:整形外科分野のスポーツ医学Ⅴ、2024 年五輪フランス大会での新種目〜ブレイクダンス〜、日整会広報室ニュース 132、1、2023.1

92）藤井勝紀：発育発達と Scammon の発育曲線、スポーツ健康科学研究 35、1-16、2013

93）国立スポーツ科学センター：スキャモン発育曲線

https://www.jpnsport.go.jp/hpsc/Portals/0/resources/jiss/column/woman/seichoki_handobook_1.pdf

94）斉藤和巳：スポーツメディアとプロスポーツによる地域貢献の未来、第 70 回九州体育・スポーツ学会記念講演、2021.8.30

95）山口香：これからの時代に求められる教育体育・保健体育が果たすべき

https://www.mext.go.jp/b_menu/shingi/chukyo/chukyo3/053/siryo/__icsFiles/afieldfile/2015/06/05/1358298_06.pdf

96）竹之内秀介：勝利至上主義に「指導」小学生の柔道全国大会は意志で波紋、産経新聞、2022.4.3

97）川島隆太：子供の脳発達―影響懸念、産経新聞、2021.1.20

98）日本整形外科学会：子供の運動と「ロコモ」の関係（座談会）、朝日新聞、2022.2.20

https://www.asahi.com/ads/worko/article/2022001/?cid=reg_sp1

99）日本医学会連合：フレイル・ロコモ克服のための医学界宣言、2022.4

https://www.jmsf.or.jp/activity/page_792.html

100）日本臨床整形外科学会：ロコモの治療、ロコトレ

https://jcoa.gr.jp/ ロコモ / ロコトレ

101）日本整形外科学会：（座談会）「80GO」、読売新聞（広告）、2023.2.19

https://yimidr.yomiuri.co.jp/article/20230126-OYTET50003/

102）スポーツ庁：スポーツ界における DX の推進（第 3 期スポーツ基本計画）、2022.3.25

https://www.mext.go.jp/sports/b_menu/sports/mcatetop01/list/1372413_00001.htm

103）田邊正幸：岡田武史会長が語る「カギ」となる DX とは？ FC 今治 × NEC で描く壮大な絵、wisdom、NEC

https://wisdom.nec.com/ja/case/2020121101/index.html

104）篠原幸人、上月正博、佐々木正：（座談会）特集 スポーツ運動療法は患者治療にどこまで有効か―一般医へのアドバイスと医師自身の健康寿命も考えて、成人病と生活習慣病、東京医学社、46（6）、645-670

105）帚木蓬生：ネガティブ・ケイパビリティ―答えの出ない事態に耐える力、朝日新聞出版、2021.10

106）西村典子：運動習慣をつける方法！ 楽しく継続する 4 つのコツ ［運動と健康］

https://allabout.co.jp/gm/gc/301418/

107）志波直人：運動療法の基本と最新の知見、第 1 回京都リハビリテーション医学研究会学術集会、記念講演、2015.2.7

108）J－CAST ニュース：任天堂「リングフィット」が腰痛などに効果―論文が国際専門誌に掲載に決定。佐藤崇司ら「稀有な治療デバイス」、2021.6.1

https://www.j-cast.com/2021/05/12411363.html?p=all

109）Curves：医療関係の皆様へのご案内、カーブスで使用する 12 種類の油圧式マシーン、（株）カーブスジャパン戦略企画部

110）カーブス体操：宝島社、2012.11

111）スポーツ庁：大学スポーツの振興

112）日比野恭三：スポーツ推薦入試で学生が背負わせられる十字架とは、VICTORY オールスポーツ、2019.1.21

113）村井友樹、倉石平：スポーツと体育の混用、早稲田大学

https://www.waseda.jp/sports/supoka/research/soturon

114）文科省：スポーツ立国戦略―基本的な考え方、2010.8.26

　　　https://www.mext.go.jp/a_menu/sports/rikkoku/detail/

115）中村雅也：第 26 回腰痛シンポジウム―腰痛のメカニズムと治療法の選択、2015.3.7

116）吉田勧持：構造医学―自然治癒のカギは重力にある！、産学社エンタプライズ、2019.1.20

117）公益財団法人笹川スポーツ財団：諸外国のスポーツ振興施策（2017）

　　　https://www.ssf.or.jp/thinktank/international/2023_04.html

118）厚生労働省：身体活動・運動

　　　https://www.mhlw.go.jp/www1/topics/kenko21_11/b2.html

119）厚生労働省健康局健康課 金子堅太郎：健康づくりのための身体活動・運動分野の取組、スポーツエールカンパニーシンポジウム、2020.3.6

　　　https://www.nibiohn.go.jp/eiken/kenkounippon21/kenkounippon21/mokuhyou.html

120）厚生労働省：身体活動・運動に関するこれまでの取組について、第 1 回健康づくりのための身体活動基準・指針の改定に関する検討会、2023.6.26

121）健康日本 21 評価作業チーム：「健康日本 21（第一次）」最終評価、2023.10

122）厚生科学審議会地域保健健康増進栄養部会次期国民健康づくり運動プラン策定専門委員会：健康日本 21（第 2 次）の推進に関する参考資料、2012.7

123）厚生労働省保健局健康課女性の健康推進室長 田辺和孝：健康日本 21（第二次）最終評価報告書を公表します、2022.10.11

124）厚生科学審議会地域保健健康増進栄養部会、次期国民健康づくり運動プラン（令和 6 年度開始）策定専門委員会、歯科口腔保健の推進に関する専門委員会：健康日本（第 3 次）推進のための説明資料、2023.5

125）国土交通省：まちづくりにおける健康増進効果把握するための資料 1～5

　　　001174965.pdf（mlit.go.jp）

126）厚生労働省運動所要量・運動指針の策定検討会：健康づくりのための運動基準 2006
　　　～身体活動・運動・体力～報告書（概要）、2006.7

127）Pate RR., Pratt M., Blair SN, et al. Physical activity and public health.A recommendation from the Centers for Disease Control and Prevention and the American College of Sports Medicine, Jama, 1995：273：402-7

128）世界標準化身体活動質問表（GPAQ）解析の手引き
　　　WHO guidelines on physical activity and secondary behavior Global Physical Activity Questionaire
　　　www.who.int/chp/steps

129）スポーツ庁：FUN+WALK PROJECT
　　　https://www.mext.go.jp/sports/funpluswalk/project.htm

130）公益財団法人　笹川スポーツ財団：諸外国のスポーツ振興施策の比較表
　　　https://www.ssf.or.jp/Portals/0/resources/research/report/pdf/H29_7country_f.pdf

131）Anderson, B. 堀井昭訳：ボブ・アンダーソンのストレッチング、ブックハウス・エイチディ、東京、1983

132）Anderson, B. 監訳小室史恵ほか，訳高橋由美ほか：ストレッチング 20 周年記念改訂版、（有）ナップ、2002

生涯スポーツ
国民の「運動不足」は本当にないのか

2024 年 12 月 20 日　初版発行

著作権者　佐々木　正 ⓒ 2024

発行所　　丸善プラネット株式会社
　　　　　〒 101-0051　東京都千代田区神田神保町二丁目 17 番
　　　　　電話（03）3512-8516
　　　　　https://maruzenplanet.hondana.jp

発売所　　丸善出版株式会社
　　　　　〒 101-0051　東京都千代田区神田神保町二丁目 17 番
　　　　　電話（03）3512-3256
　　　　　https://www.maruzen-publishing.co.jp

組　版　株式会社明昌堂
印刷・製本　富士美術印刷株式会社

ISBN:　978-4-86345-577-1　C0075